36~60개월 우리 아이 속마음 읽기

# 엄마가 모르는
# 네 살의 심리

# 엄마가 모르는 네 살의 심리

초 판 1쇄 발행 2009년 8월 17일
초 판 26쇄 발행 2023년 4월 17일

지은이 제리 울프
옮긴이 서희정
펴낸이 김은선

펴낸곳 초록아이
주 소 경기도 고양시 일산서구 주화로 180 월드메르디앙 404호
전 화 031-911-6627
팩 스 031-911-6628

등 록 제 410-2007-000069호(2007. 6. 8)
ISBN 978-89-92963-80-0 13370

* 푸른육아는 도서출판 초록아이의 임프린트로 육아서 브랜드입니다.

* 잘못된 책은 바꾸어 드립니다.
* 푸름이닷컴(www.purmi.com) 홈페이지를 방문하시면
  푸름이 부모님의 육아 상담 및 생생한 육아 정보를 무료로 보실 수 있습니다.

36~60개월 우리 아이 속마음 읽기

# 엄마가 모르는 네 살의 심리

제리 울프 지음 | 서희정 옮김

푸른육아

딸아이의 만 네 살 무렵이었어요. 하루는 슈퍼마켓에서 줄을 서서 차 례를 기다리던 중 아이가 어느 손님에게 뚱보라고 큰 소리로 외치는 바 람에 매우 당황스러웠던 기억이 납니다. 어느 날인가는 화장실 가는 걸 잊고 종종 옷에 실례를 하던 아이와 실랑이를 하느라, 솟아오르는 짜증 을 참지 못해 녹초가 된 적도 있었습니다. 늦은 저녁 이야기책을 읽어준 후 집안의 모든 인형 친구들에게 잘 자라는 인사까지 하고도, 침대 밑 에 사는 괴물이 무서워 혼자 못 자겠다고 고집 부리던 딸아이를 보며 화가 치밀어오른 적도 한두 번이 아니었지요.

'부모로서 내가 무엇을 어떻게 해야 하나?', '어떻게 하면 우리 아이가 적절히 행동하도록 가르칠 수 있을까?' 육아에 지칠 대로 지친 많은 부 모들이 육아의 영원한 고질병을 단박에 치료해 줄 기적을 바라며 강의 실 문을 두드립니다.

하지만 치료를 바라기 전에 먼저 어린아이들의 행동 양식과 발달 단 계에 대해 이해하고 점검할 필요가 있답니다. 왜 네다섯 살 아이들은 말 도 안 되는 두려움을 갖게 되는지, 왜 때때로 믿기 어려울 정도로 짜증을 내고 고집스러워지는지, 왜 아이가 하던 것을 멈추게 하거나 반대로 하게 만드는 게 그토록 어려운지를 말이지요.

아이들은 부모를 괴롭히기 위해서 문제를 일으키는 게 결코 아닙니다. 다만 어린아이처럼 행동할 뿐입니다. 왜냐하면 그들은 말 그대로 어린아이들이기 때문이니까요. 아이들은 어른들과 같은 방식으로 생각하지 않습니다. 아직 세상에 대한 경험도 얼마 없고, 무언가를 해내는 능력 또한 부족하지요. 네다섯 살짜리 아이가 "저 아줌마 뚱보야!"라고 말하는 건 일부러 무례하게 굴려는 게 아니라 단지 눈으로 본 걸 자기 언어로 표현한 것뿐입니다.

또한 아이가 괴물이 있다고 혼자 자는 것을 거부할 땐, 적어도 그 아이에게는 괴물이 실제 존재하는 것처럼 생각되기 때문입니다. 공주나 거인 그리고 괴물들이 등장하는 이야기를 아이에게 들려준 적은 없었는지 생각해 봐야 하지요.

네다섯 살짜리 아이에게 어른의 시각을 기대하는 것은 무리입니다. 어른 또한 다시 그 시절로 돌아갈 순 없겠지요. 하지만 관점을 변화시킬 수는 있답니다. 쉬운 일은 아니겠지만, 그 결과는 실로 놀라울 것입니다. 이제부터라도 부모의 삶을 힘겹게 만드는 아이로 바라보는 대신, 점차 큰 아이로 성장해 가는 과정에서 자신의 주변 세상을 배우기 위해 고군분투하는 아이로 바라보면 어떨까요?

대부분의 부모는 자신이 아이였을 때 어떻게 느꼈고 행동했는지 기억하지 못합니다. 이 책은 우리가 잊어버린 것들을 일깨워주고 아이들을 이해하는 데 도움을 줄 것입니다. 네다섯 살 아이의 행동을 이해할 수 있는 짧은 이야기들로 구성된 이 책은 육아에 관한 특별한 문제들을 다루고 있습니다.

아이의 시각에서 책을 읽다 보면 아이가 왜 그렇게 행동하는지, 또 어떻게 느끼는지, 부모에게 무엇이 필요한지 깨달을 수 있을 것입니다. 더불어 네 살이 된 것은 두 살이나 세 살이 된 것과는 매우 다르다는 것과 네 살은 혼자서 할 수 있는 일들이 더 많아진 조금 더 큰아이라는 사실도 알게 해줄 것입니다. 마치 아이가 엄마에게 직접 말하는 것처럼 표현했지만, 수많은 강의와 사례, 또한 개인적인 경험을 통해 네다섯 살 아이

들의 생각과 그것을 표현하는 행동과 과정들에 대해 세심하게 고찰해
왔던 내용을 담기 위해 노력했습니다.

　이 책은 여러 부모들이 경험하는 짜증과 분노 그리고 육아에 대해 올
바른 길잡이가 되어줄 것입니다. 내 아이가 좀 더 행복하게, 그리고 훌륭
하게 성장하기 위해서 부모로서 무엇을 가르쳐야 하는지 스스로에게 물
어보게끔 해줄 것입니다. 더불어 우리 부모의 생각을 아이에게 강요하기
보다는 아이와 함께 문제를 풀어나갈 수 있게 도와줄 것입니다. 책을 읽
는 모든 부모님의 행운을 빕니다.

제리 울프 PH.D

# 추천의 글

아이와의 진정한 공감은 아이와 눈높이를 맞추고 속마음을 읽는 것뿐만 아니라, 부모가 아이 스스로 성장할 수 있는 힘을 믿는 것입니다. 부모는 누구나 아이를 사랑합니다. 하지만 아이의 마음을 공감해 주지 않는 부모의 사랑은 아이에게 오히려 큰 상처를 남기는 독이 될 수도 있지요.

많은 부모들이 사랑이라는 이유로 어른의 시각과 기준에 맞춰 아이를 야단치고 훈계합니다. 또 부모가 원하는 방향으로 움직이도록 강요하면서 비판하고 또 다른 아이들과 끊임없이 비교하곤 합니다. 무심코 던진 부모의 말과 행동이 아이에게는 정서적 장애를 일으키는 원인이 될 수도 있는데 말이지요. 이런 일상이 누적되면 아이는 자칫 말문을 닫게 되고, 불안한 마음에 과잉 행동을 하기도 합니다. 그러다 보면 어느새 사랑과 행복이 넘쳐야 할 육아는 아이와 엄마에게 모두 고달픈 일상이 되어버리지요.

특히 36~60개월 아이들은 호기심이 왕성하고, 배움의 욕구 또한 강해 무엇이든 시도해 보려 합니다. 저 또한 이때 아이들을 키우면서 가장 행복하기도 했지만, 또 가장 힘들게 보낸 시기이기도 합니다. 이 시기에 아이의 욕구에 귀 기울이고 공감해 주면서 아이의 행동에 긍정적으로 반응해 주지 않으면, 앞으로 무언가를 해보려는 것 자체를 두려워하는 사람으로 성장하게 됩니다. 그렇다고 잘못된 행동마저 무조건 감싸고 수용해야 한다는 뜻은 아닙니다. 아이의 행동이 아이 자신뿐만 아니라 타인의 안전과 행복을 위협한다면, 이는 부모로서 단호하게 규제해야 합니다..

이 책은 36~60개월 아이들의 마음을 읽고 공감해 주는 방법과 함께 아이에게 상처를 주지 않으면서 사랑으로 키우는 방법이 아주 쉽게 기술되어 있습니다. 책을 읽으면서 우리 아이들의 어린 시절이 새록새록 떠올라 미소가 끊이질 않았답니다. 한편 아이들이 이해할 수 없는 행동을 할 때마다 무슨 말을 해줘야 할지 몰라서 당황했던 기억들까지 떠올랐습니다. "아하! 아이가 그때 이런 마음이었구나. 이렇게 말하고, 행동하고, 공감해 주었어야 했는데……." 하며 아쉽기도 했지요.

이 책의 저자는 36~60개월 아이의 목소리로 이 또래 아이들의 심리를 쉽고 재미있게 조곤조곤 이야기해 주고 있습니다. 마치 내 아이가 "엄마, 내 마음은 지금 이렇답니다. 이럴 땐 꼭 안아주면 마음이 편안해져요. 뽀뽀해 주면서 사랑한다고 말해 주세요."라고 말하는 것처럼 말이지요. 또한 각 에피소드별로 제공되는 육아 솔루션은 엄마의 가슴에 쏙 쏙 와 닿습니다.

아이가 점점 자라면서 엄마는 본의 아니게 주변의 비슷한 또래 아이들과 내 아이를 비교하는 마음을 갖게 됩니다. 그리고 아이의 발달이 주변 아이들에게 미치지 못하는 것 같다는 생각이 들면 성급한 마음까지 갖게 되지요. 이는 아이를 들볶는 행동으로 이어져 결국 소중한 아이가 상처받게 되는 경우를 주위에서 종종 보게 됩니다.

모든 아이들은 제각각 다른 개성과 발달 속도를 가진답니다. 때론 자연의 순리에 맡기고 인내심을 갖고 기다려야 함에도 부모의 조급한 마음에 아이는 더욱 움츠러들 뿐입니다. 그런 조급한 마음이 들 때는 차라리 조용히 지켜보며 기다려 주는 것이 가장 빠른 방법이라는 것을 기억해 주세요.

부모가 진심으로 공감해 준 아이는 몸과 마음이 건강하고 활기차답니다. 또한 긍정적이고 자존감 높은 행복한 아이로 성장합니다. 이 책이 아이와 눈높이를 맞춰 소통할 수 있는 공감지수를 높이고 행복한 육아를 하는 데 많은 도움을 줄 거라고 믿어 의심치 않습니다.

푸름 엄마 신영인

# CONTENTS

머리말
추천의 글

부루퉁~

나에게만 보이는
특별한 친구예요.

이 똥 대가리야!
내 거야.
내놔!

우아아아앙!

엄마 나랑 놀아요!

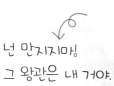

넌 만지지마!
그 왕관은 내 거야.

난 핑크레인저닷!

손가락 빠는 게
나쁜 건가요?

내가 안 그랬어요!

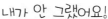

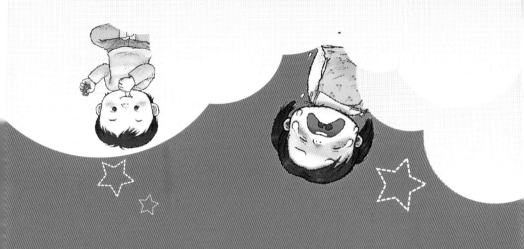

**앗, 엄마! 잘못했어요.** 그렇게 야단치지 마세요. 난 아직 뭐가 잘못되고 나쁜 습관인지 잘 모르겠단 말예요. 엄마를 속상하게 만들려고 일부러 그런 게 아니라, 어쩌다 보니 그렇게 된 것뿐이랍니다. 난 이제 겨우 네 살이라 완전한 분별력을 갖추지 못했거든요.

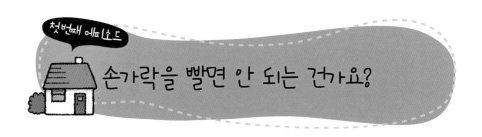

첫번째 에피소드

# 손가락을 빨면 안 되는 건가요?

손가락 빨지 말라고 대체
몇 번을 말해야 알아듣겠니?

20

**죄송해요, 엄마!** 손가락 빨고 있는지 몰랐어요. 그러니까 제발 소리치지 말아 주세요. 엄마가 소리치면 내가 잘못을 했더라도 기분이 나빠져요. 난 이제 네 살이에요. 힘든 게 참 많답니다.

요전까진 엄마가 뭐든 다 해주셨는데 지금은 잠옷도 혼자 입어야 하고, 장난감도 치워야 해요. 기억해야 하는 규칙은 또 얼마나 많다고요. "먹을 걸 흘리지 마라.", "개를 함부로 만지지 마라.", "소파에서 그렇게 뛰면 안 된다.", "횡단보도를 건널 때는 꼭 엄마 손을 잡아야 한다." 아휴~ 숨차!

아기였을 때는 공갈젖꼭지를 물면 기분이 좋아졌어요. 지금은 기분이 상하거나 긴장하면 나도 모르게 손가락을 빨게 돼요. 어떤 때는 머리카락이나 담요를 빨기도 하지요. 이해해 주세요. 이렇게 하면 기분이 조금 편안해지니까 그러는 것뿐이에요.

### 야단치지 않아도 나쁜 습관을 없앨 수 있어요

"손가락 빨지 마! 당장 그만두지 못하겠니?" 대체 엄마는 왜 그렇게 화가 난 걸까요? 손가락을 빨면 부르트고 아프다고, 그럼 엄마 마음도 아프다고 차근차근 설명해 주면 좋을 텐데……. 나도 안 하려고 노력하는데요, 나도 모르게 손가락이 입에 가 있곤 해요.

이럴 때는 소리치며 야단치기보다 내가 무얼 하고 있는지 말해 주세요. 조용하고 낮은 목소리로, "손가락!"이라고만 해도 충분히 알아들을 나이랍니다.

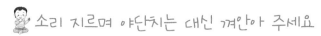## 소리 지르며 야단치는 대신 껴안아 주세요

엄마, 무조건 안 된다고 하기보다는 내가 할 수 있는 걸 말해 주세요. '안 된다'는 말을 들으면 정말 기분이 나빠져요. 이럴 때 기분이 나아지게 할 방법은 없을까요? 엄마는 기분이 나빠지거나 화가 나면 어떻게 해요? 화를 가라앉히기 위해 깊게 숨을 한 번 들이쉬고 내뱉는, 천천히 심호흡을 하는 방법을 내게 보여주세요.

어린이집에서는 찰흙 놀이나 거품 놀이를 하고 나면 기분이 좋아져요. 그런 걸 집에서도 하면 어떨까요? 또 엄마가 꼭 껴안아주면 정말 기분이 좋아요. 나한테 소리 지르며 야단치는 대신에 "산아, 요즘 많이 힘들지? 엄마가 안아줄까?"라고 물어보면 정말 좋겠어요!

**육아솔루션  버럭 야단치는 행동이 나쁜 행동을 더 강화시킨답니다**

잊지 마세요! 네 살짜리 아이들은 아직 잘잘못을 완전히 구별할 수 있는 분별력을 갖고 있지 않습니다. 아이들이 나쁜 태도나 습관을 보이면 당장 고쳐주고 싶은 마음에 버럭 소리부터 지르게 되는데, 이는 오히려 아이의 나쁜 습관을 더욱 강화시킬 위험이 있답니다. 왜 그런 행동이 나쁜지 조근조근 부드럽게 타이르며 알려주세요. 물론 한번에 받아들여지진 않을지 모르지만, 점차 고쳐 나갈 수 있을 것입니다.

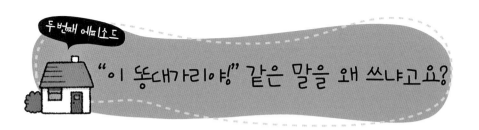

# "이 똥대가리야" 같은 말을 왜 쓰냐고요?

그만 두지 못해,
이 똥대가리야!

뜨악~

풉

똥대가리!

젠장!

내가 세 살 때인가, 엄마는 "때리지 말고 말로 해야지."라고 했어요. 기억나세요? 그래서 지금 말로 하는 거예요. 어떤 경우에는 말이 때리는 것보다 더 효과가 크다는 걸 배우고 있는 중이지요. 한번은 친구가 내게 물을 뿌렸어요. 그래서 내가 "야, 이 똥대가리야!" 그랬더니 더 이상 나한테 물을 뿌리지 않았어요.

난 손으로 때리지도 않았고 발로 차지도 않았어요. 이빨로 물어뜯거나 손으로 꽉 움켜잡아서 아프게 하지도 않았고요. 그런데 왜 그러면 안 된다고 하세요?

말이란 게 참 재미있는 거 같아요. 지난번 별이랑 차 안에 함께 있을 때 내가 "이 똥대가리야!"라고 하면 별이는 "이 멸치대가리야!"라고 하면서 서로 깔깔거리며 즐거운 시간을 보냈거든요. 물론 그때도 엄마는 그만 하라고 하셨지만, 우리는 엄마가 운전하는 내내 계속했답니다.

### 엄마는 그 말이 싫죠? 난 좋은데!

우리는 바보 같지만 웃긴 말장난이 재미있어요. 특히 바보스럽게 굴고 싶거나 내 힘을 보여주고 싶을 때 '똥대가리' 같은 말을 써요.

'똥대가리'라고 말하면 사람들이 내게 관심을 보여요. 그러면 그 말을 더 자주 쓰게 돼요. 꼭 내가 엄청 높은 사람이라도 된 것 같아요. 하지만 그런 말을 했는데도 아무런 관심을 보이지 않는다면 난 아마 다른 말을 찾아보게 될 거예요.

## 써도 좋은 말들을 알려주세요

내 또래 아이들은 자기 기분을 말로 표현하곤 해요. 엄마가 과자를 안 주거나 한창 보고 있는 TV를 꺼버리면 그만 화가 나서 "야, 이 똥대가리야!"라고 말하기도 한답니다. 그럼 엄마는 그런 나쁜 말을 하면 안 된다고 야단치시죠. 화났을 때 할 수 있는 다른 말이 뭐가 있을까요? '똥꼬'라고 하면 되나요? 그건 민우 형이 화났을 때 하는 말이에요. 그럼 '젠장'이라는 말은요? 안 되나요? 그 말은 개가 거실에 '쉬~' 했을 때 엄마도 종종 하는 말이잖아요.

사람들은 때로 자기 기분을 표현할 때 강한 말들을 사용한다는 걸 알려주세요. 하지만 '똥대가리'라든가 '똥꼬' 같은 말은 듣는 사람의 기분을 상하게 하니까 쓰면 안 된다는 것도 함께 알려주세요. 꼭 강한 말을 써서 기분을 표현하고 싶다면 다른 표현을 쓰는 게 좋다고 말해 준다면 더 좋을 거예요. "세상에나!", "그러지 마!", "당장 그만 둬!", "나 진짜 화났어!" 같은 말들이요.

그리고 어떤 단어들은 그 소리 자체가 참 재미있어요. 공룡 이름인 '스테고사우루스'나 '티라노사우루스'같이 긴 단어도 왠지 재미있는 것 같고, 엄마가 읽어주는 책에 나오는 운율이 있는 말들도 좋아요. 별이랑 난 가끔 이런 말놀이를 하면서 놀아요. 우리는 똥이나 오줌에 관련된 말도 자주 쓰고 좋아하는데, 그건 요즘 둘 다 화장실 사용법을 배우는 중이기 때문이랍니다.

이런 말을 쓰는 게 엄마 마음에 들지 않으면 재미있는 음식 용어를 알려주는 것도 좋을 것 같아요. '붕어빵', '호박떡', '돼지감자' 같은 거 말이에요.

똥이나 오줌과 관련된 말이 듣기 싫으시면 별이랑 둘이 화장실에 들어가서 실컷 말하고 나올 수도 있어요. 어린이집에서도 종종 그러거든요.

## 아이에게는 건강한 역할 모델이 필요합니다

어느 날 불쑥 아이가 어디서 배워왔는지도 모르는 욕이나 이상한 말을 쓰고 있다고요? 아이들은 스펀지가 물을 빨아들이듯이 금세 배우고, 또 배운 것을 자꾸 반복하는 습성이 있답니다. 이럴 때 무작정 야단쳐서 고치려는 생각은 좋은 방법이 아니에요. 아이 입장에서는 새로 들은 단어가 재미있고 신기할 뿐이지, 그 말이 갖는 진정한 의미를 새겨 쓰는 게 아니니까요. 그보다는 좋은 말 표현을 엄마가 먼저 보여주어 아이의 건강한 역할 모델이 되어주는 게 좋아요.

# 일부러 친구를 무는 건 아니에요

처음엔 말로 했어요.
근데 내가 말로 하니까
듣지 않잖아요!

왜그래?

왕~

아야~

내가 "그만 해! 밀지 마."라고 했지만 걔가 계속해서 날 밀었어요. 순간 어떻게 할까 고민을 했어요. 그런데 더 이상 참을 수가 없었죠. 처음부터 친구를 물어뜯을 생각은 아니었어요. 그런데 그 친구가 글쎄 나를 계속 밀잖아요. 미안해요 엄마! 일부러 물어뜯으려고 한 건 아니에요. 나도 친구를 무는 게 나쁘다는 건 알지만 어쩔 수 없을 때가 있거든요.

## 엄마가 화를 내면 나도 화가 나요

내가 물론 나쁜 행동을 했지만, 엄마가 소리 지르고 화내면 나도 화가 나요. 소리 지르며 야단친다고 해서 이미 벌어진 일을 되돌릴 순 없잖아요. 또 어떻게 행동하는 게 좋은지 배울 수도 없답니다. 소리치는 대신 다른 사람을 물고 싶을 때나 물었을 때 어떻게 해야 하는지 나한테 알려주면 어떨까요?

엄마가 자꾸 화를 내면 나도 기분이 안 좋을 때마다 마구 화를 내고 싶어져요. 그러면 안 되는 거잖아요. 엄마가 먼저 나한테 모범을 보여주세요. 그러면 나도 그런 상황에서 어떻게 해야 하는지 배우게 될 것 같아요.

## "왜 그랬니?" 말고, "무슨 일이 있었니?"라고 물어봐 주세요

엄마, 친구를 왜 물었냐고 다그치지 마세요. 나도 잘 몰라요. 그냥 그렇게 돼버렸어요. 차라리 친구를 물기 전에 어떤 일이 있었는지 물어보는 게 더 좋을 것 같아요. 그럼 나도 그때 상황을 생각해 볼 수 있을 테니까요. 일단 일이 터지고 나면 먼저 내가 진정할 수 있게 도와주세요. 화가 나면 아무 생각도 나지 않거든요. 조용하고 차분한 목소리로 말해 주세요. 엄마가 침착하고 차분하면 나도 그럴 수 있을 거예요.

내 이야기를 다 듣고 난 다음에는 내가 친구한테 말로 그만두라고 한 점을 칭찬해 주세요. 그리고 그만두라고 했는데도 친구가 계속 밀었을 때 내가 얼마나 힘들었을지 이해한다고 말해 주세요. 엄마도 다른 사람이 밀면 무척 싫다고 덧붙여 알려주면 더 좋을 거 같아요.

만약 엄마가 나였다면 '밀지 마세요'라고 먼저 말을 할 것이고, 그래도 계속 민다면 그냥 그 줄에서 나와버렸을 거라고 말해 주세요. 나도 줄 밖으로 나오거나 아님 맨 뒤로 갈 수 있다는 걸 알려주세요. 만약 선생님이 내가 왜 움직였는지 물으신다면, 친구가 밀어서 그런다고 상황을 그대로 말씀드리면 된다는 것도요.

## 육아솔루션 육아의 시작은 '공감'입니다

아이가 다른 사람에게 피해를 주는 행동을 하는데도, 사랑만을 앞세워 부모로서 그런 행동을 방치할 수는 없는 노릇입니다. 그건 진정한 사랑이 아니라 방임이니까요. 가장 이상적인 육아는, 아이가 왜 그런 행동을 했는지 먼저 아이의 이야기를 귀 기울여 들어주고 공감해 주는 것입니다. 아이는 엄마가 자신을 사랑하고 이해해 준다는 믿음을 갖고 있을 때, 엄마의 이야기를 보다 잘 받아들이고 행동으로 옮긴답니다.

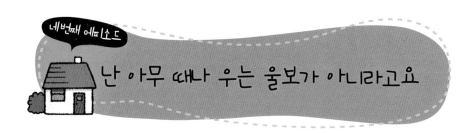

# 난 아무 때나 우는 울보가 아니라고요

우오아아아아아아
앙〰〰〰‼

아,
머리야…

철철

철철

내가 우는 것은 일종의 신호 같은 거예요. 무언가 잘 못되었다는 신호죠. 내가 울면 엄마는 얼른 달려와서 나를 안아준 다음 이제 엄마가 왔으니 괜찮을 거라고 말해 주시잖아요. 그리고 무언가 해결책을 찾아주시고요. 난 엄마의 그런 행동이 좋아요. 그래서 문제가 생기면 엄마가 들을 수 있게 큰 소리로 우는 거예요.

아기였을 때는, 우는 게 엄마의 관심을 끄는 유일한 방법이었어요. 하지만 지금 난 네 살이고 울기보다는 말을 더 많이 해요. 그래도 아주 가끔씩 울어요. 윤영이가 내 인형을 가지고 놀거나, 날 밀치거나 하면 엄마의 도움을 받기 위해 울 수밖에 없는 걸요. 우는 것 말고 다른 방법을 배운 적이 없으니까요.

## 무턱대고 달려오지 않아도 돼요

엄마는 내가 울 때면 진정시키기 위해 최선을 다해요. 하지만 일이 생길 때마다 엄마가 이런 식으로 날 도와준다면 나는 이 세상을 혼자 살아나갈 수 없는 힘 없는 사람이 되고 말 거예요. 물론 내가 더 어렸을 때는 엄마가 하던 일을 멈추고 달려오는 게 당연했지만, 이젠 나도 네 살이나 되었으니 그렇게 하지 않아도 괜찮아요.

참, 엄마는 때론 내가 무엇 때문에 우는지는 전혀 관심도 없고 단지 울음을 그치는 데만 신경을 쓰는 것 같아요. 그래서 간식을 주거나 장난감을 주어서 울음을 그치게 하려고만 하잖아요. 내가 원하는 건요, 안 좋은 상황에서도 스스로 잘 해결해 나갈 수 있게끔 엄마가 옆에서 용기와 격려를 주는 것이랍니다.

##  내 생각을 주장할 수 있게끔 도와주세요

내 생각인데요, 윤영인 내 장난감을 자기가 가져가면 난 그저 울기만 하고, 우리가 싸우면 엄마가 달려와서 우는 나를 어디론가 데려갈 거라는 사실을 잘 아는 것 같아요. 결국 나는 비참한 기분으로 울면서 엄마의 구조를 기다릴 뿐이지요. 윤영이는 내 장난감을 마음대로 가지고 놀게 되는 거고요. 윤영이한테 "싫어, 내 거야."라고 말하는 걸 배워야겠지만, 사실 그렇게 말하는 게 좀 두려워요.

엄마가 만약 내 옆에 있어주면 조금은 용기를 내어 윤영이한테 "안돼!"라고 말해 볼지도 모르겠어요. 물론 난 또 울지도 몰라요. 그럴 때 엄마가 와서 내가 윤영이에게 직접 남의 장난감을 함부로 빼앗아 노는 게 나쁘다고 말을 할 건지, 아니면 엄마가 대신 해주기를 원하는지 물어봐 주세요.

엄마가 도와주면 내가 원하는 걸 말하는 게 훨씬 쉬울 거예요. 이제 기분이 좋아졌어요. 내가 울어버리는 대신 "안 돼!"라는 말을 하면 윤영이는 점점 내 장난감을 빼앗지 않을지도 몰라요.

## 날 울보라고 부르지 말아주세요!

내가 "아야!"라고 울먹일 때 가끔 엄마는 퉁명스러워져요. "자꾸 울보처럼 굴지 마라. 큰일 아니야. 엄살떨기는……." 하고 말이죠. 하지만 난 괜찮지 않아요. 아프단 말예요.

엄마가 이렇게 말해주면 어떨까요? 우선은 내가 아프다고 하는 곳을 보여 달라고 하세요. 그러고는 내게 이렇게 말하는 거예요. "크게 다친 건 아니니까 곧 괜찮아질 거야." 그럼 나도 안심할 수 있을 거 같아요.

사실 다칠 때마다 꼭 아파서 우는 건 아니에요. 그냥 다치고 나면 나도 모르게 뭔가 불안하고 기분이 언짢아져요. 무섭기도 하고요. 만약 엄마가 "누가 널 그렇게 세게 밀었다면 무서웠겠구나."라고 말해 준다면 내 안에서 생긴 감정들을 이해하는 데 도움이 될 거예요.

난 조금 무서운 것뿐이에요. 이젠 괜찮아요! 엄마가 내 무릎에 '호호~'를 해주고 나면, 다시 가서 놀아도 돼요?

### 육아솔루션  아이의 울음은 신호입니다

네 살쯤 되면 이제 제법 조잘조잘 자기 생각이나 감정을 말로 잘 표현합니다. 그렇다곤 해도, 아직까지 울음은 아이의 감정을 표현하는 중요한 수단입니다. 울보라고 생각하지 말고, 아이가 왜 우는지를 먼저 살펴주세요. 다만 갓난아기 때처럼 울 때마다 얼른 달려가 달랠 필요는 없습니다. 아이는 이제 어느 정도 자기 문제를 스스로 해결해 볼 만큼 자랐거든요. 가까운 거리에서 지켜보면서 정말 도움이 필요할 땐 주저 없이 손을 내밀어주세요.

# 난 까다로운 편식쟁이가 아니랍니다

정말 맛없어!
이제 그만
먹고 싶단 말이에요.

한 숟가락만~

읍

그만!

식사 시간은 정말 싫어요. 엄마는 내가 먹는 걸 빤히 쳐다봐요. 감자볶음을 먹고 있으면 "감자볶음 먹고 나면 여기 당근도 먹어라."고 한답니다. 그러고선 "밥 다 먹기 전에는 아이스크림은 꿈도 꾸지 마라."고 하시죠. 그렇게 말하니까 더 먹고 싶지 않아졌어요.

게다가 엄마는 내가 배가 부르든 말든 우유 세 모금을 꼭 더 마시라고 해요. 내가 뭘 먹을지, 또 얼마나 먹을지 스스로 결정하게 그냥 놔두면 안 되나요?

## 식사 시간을 좀 더 행복하게 만들어주세요

배가 고프지 않을 땐 별로 먹고 싶은 마음이 없어요. 그러니 무조건 먹으라곤 하지 마세요. 난 내 몸이 말하는 소리에 그저 충실할 뿐이니까요.

내가 아기 변기 사용법을 배울 때 엄마가 그러셨잖아요. 내 몸이 하는 소리를 잘 들어보라고요. 그럼 화장실 갈 때를 자연히 알게 될 거라고요. 그런데 음식을 먹어야 할지 말아야 할지는 내 몸이 말하는 소리에 따르면 안 되나요? 어젠 당근이 맛있었어요. 그런데 오늘은 전혀 먹고 싶지 않아요. 그 이유는 나도 모르겠어요.

만약 내가 몸에 안 좋은 인스턴트 음식을 먹을까봐 걱정이 된다면 식탁에 그런 음식들을 두지 말아주세요. 그럼 내가 아예 선택할 수 없을 테니까요.

내 몸은 음식을 그만 먹어야 할 때도 알려줘요. 그런데 자꾸 억지로 먹으면 정말 토할 것 같다고요. 무작정 많이 먹는 게 좋은 건 아니랍니다.

##  까다로운 '편식쟁이'라고 부르지 마세요

어른들은 이상한 음식도 잘 먹잖아요. 하지만 난 서로 다른 재료가 섞이거나 소스가 잔뜩 묻어 있는 음식은 먹기 싫어요. 냄새도 이상하고 보기만 해도 토할 것 같거든요. 그럼 엄만, "까다롭게 굴지 마. 어차피 배 속에 들어가면 다 섞이는데, 뭘 그래."라고 하거나 "한 입만 더 먹어봐."라고 강요하시죠.

난 까다로운 편식쟁이가 아니랍니다. 그저 아직은 그런 음식들을 먹을 준비가 안 된 것뿐이에요. 앞으로 자주 보거나 엄마나 다른 사람들이 먹는 걸 여러 번 보고 나면 한번쯤 먹어볼 용기를 낼 수 있을지도 모르죠.

그런데 엄마가 날 계속 편식쟁이라거나 까다롭다고 하면서 할머니한테 내가 콩이나 채소를 싫어한다고 말한다면, 아마도 난 그런 음식들을 진짜 싫어하게 될 거예요. 그럼 커서도 영영 안 먹게 될지도 몰라요.

또 식사 시간에 내가 "정말 맛없어!"라고 할 땐 정말 맛이 없어서 그러는 거예요. 그런데 어른들은 내가 그런 말을 할 때마다 왜 그렇게 화를 내는지 모르겠어요.

음식이 맛없을 땐 뭐라고 말해야 하나요? "정말 맛없어!"라고 하지 않고도 내 뜻을 전달하는 방법을 가르쳐주세요. 누군가가 싫어하는 음식을 먹으라고 권할 때는 "지금은 먹고 싶지 않아요."라고 정중하게 말하면 될까요?

저녁을 먹은 후에 바로 간식을 달라고 하면 엄마는 화를 내면서도 간식을 주세요. 저녁을 다 먹고 나서 곧 또 다른 음식을 먹을 수 있다면 뭐 하러 저녁을 먹나요? 저녁 식사 후에 한동안은 다른 걸 먹을 수 없다는 걸 알면 어쩜 저녁을 더 맛있게 먹을지도 몰라요.

하지만 때론 잠자리에 들기 전에 배가 조금 고플 때도 있어요. 저녁밥을 잘 먹고도 배가 고픈 날엔 사과나 우유 같은 간식을 조금 먹을 수 있으면 좋겠어요.

## 음식 만드는 걸 도울 수 있게 해주세요

난 뭔가를 먹는다는 것과 음식에 대해 배우고 있는 중이에요. 그리고 난 요리하는 것도 좋아해요. 엄마가 샌드위치를 만들 때 내가 달걀을 으깰 수도 있어요. 또 엄마가 소스를 부을 때 그릇을 들고 있거나 모든 재료를 한데 넣어 젓는 걸 도울 수도 있고요. 엄마랑 요리를 함께 하면 내가 무언가를 할 수 있고, 마치 어른이 된 것 같아서 기분이 좋아져요.

엄마가 아빠한테 하는 것처럼 나한테 음식의 맛을 보라고 하는 것도 좋아요. 우리가 함께 만든 음식의 맛이 어떤지 알려줄 때는 자랑스러운 기분이 들거든요. 엄마가 빵이나 과자 같은 걸 만들 때 돕는 건 어떨까요? 밀가루 반죽에 별 모양, 하트 모양 등 과자 모양을 찍어내는 것은 나도 할 수 있어요. 그것 말고도 또 채소를 씻거나 상추를 한 잎 한 잎 떼어 내거나 빵에 잼을 바르는 것은 나도 잘할 수 있을 것 같아요.

### 건강한 몸은 건강한 식습관에서 비롯됩니다

아이가 몸에 좋은 먹거리를 골고루 먹을 수 있도록 배려해 주세요. 인스턴트 음식에 한번 입맛을 들이면 바꾸기가 매우 어려우니 주의해야 합니다. 또한 평소 잘 먹지 않는 음식이라도 음식 만들 때 아이가 도울 수 있는 기회를 주면 더 잘 먹게 할 수 있답니다. 과식하거나 끼니를 거르지 않고 조금씩 자주 먹을 수 있도록 엄마가 식습관을 신경 써주세요.

# 난 절대 거짓말쟁이가 아니에요

"선재야, 네가 바지에
사인펜으로 낙서했니?"

"아니요, 내가 안
그랬어요!"

39

난 목소리만 들어도 엄마 기분이 별로 안 좋다는 걸 금방 알아챌 수 있어요. 난 착한 아이예요. 착한 아이는 바지에 사인펜으로 낙서하는 나쁜 일 따위 하면 안 되는 거죠.

엄마가 내 손에 있는 사인펜을 보고 내가 한 게 틀림없다고 말할 때도 난 강력하게 아니라고 해야 하는 거예요. 이제 막 옳은 일과 잘못된 일 그리고 좋은 행동과 나쁜 행동에 대해 배우기 시작했거든요.

엄마, 제발 날 거짓말쟁이라고 부르지 마세요. 거짓말쟁이란 게 뭔지 잘 모르겠지만, 나쁘다는 건 알 것 같아요. 어쩌다 보니 그렇게 된 거예요. 내가 왜 거짓말을 하게 되었는지는 잘 모르겠어요.

세상에는 마법 같은 게 있는 거 같아요. 그러니까 야단치는 대신 내가 아직 분별력이 없어서 그러는 거라고 너그럽게 생각해 주세요. 그리고 거짓말하는 게 왜 나쁜 건지 차근차근 이야기해 주세요. 그러면 나도 다음부터는 안 그럴 것 같아요. 물론 한두 번 더 할 수도 있을 거예요. 그때마다 엄마가 그러면 안 되는 거라고 말해 주세요.

 ## 누구나 실수를 할 수 있다고 말해 주세요

방바닥에 물을 엎질렀을 때 엄마가 "네가 그랬니?" 하고 물으셨어요. 엄마가 화내는 게 싫고 무서워서 내 방 옷장 속에 사는 나쁜 괴물 녀석이 그랬다고 대답했어요.

잘못을 했을 때 누가 그랬냐며 야단치는 대신 이렇게 말해 주면 어떨까요? "애야, 물을 방바닥에 엎지르면 바닥이 축축하게 젖는단다. 그러니까 이렇게 물컵을 아무 데나 놔두면 안 되는 거야. 자, 이리 와서 엄마랑 같이 물을 닦자꾸나."

난 가끔 실수를 하는데, 그럴 때마다 엄마는 화를 내요. 하지만 내가 실수를 해도 나를 여전히 사랑하는 거 맞죠? 뭔가를 잘못하거나 실수할 때마다 엄마가 야단을 치면 내 실수에 대해 사실대로 털어놓는 게 결코 좋은 게 아니라고 생각하게 될 거예요.

엄마는 뭔가를 엎질러 본 적이 없으세요? "누구나 실수할 수 있는 거란다. 네가 뭔가를 잘못했다는 생각이 들면 곧 엄마한테 말해 줄 수 있겠지? 다음에 또 물을 엎지르거든 엄마한테 말해 주렴. 그럼 치우는 걸 도와줄게."라고 말해 주세요. 그러면 나는 잘못한 일을 사실대로 말하는 게 훨씬 더 쉬울 거예요.

 ## 유혹이 될 만한 것들은 눈에 띄지 않게 치워주세요

중요한 서류나 책들은 내 손이 닿지 않는 곳에 놓아두면 좋겠어요. 나는 어떤 날은 색칠하는 게 좋아서 색연필을 들고 마구 색칠하고 싶거든요. 눈에 띄는 종이나 책에 나만의 그림을 그린답니다. 나는 어떤 종이에는 그림을 그려도 되지만, 중요한 서류나 책에는 그림을 그려서는 안 된다는 걸 잘 모르거든요. 멋지게 그림을 그려서 엄마한테 자랑하려고 했는데, 엄마는 화들짝 놀라며 중요한 서류에다 낙서를 했다고 나를 혼낸 적도 있잖아요.

정말 내가 낙서를 하면 안 되거나 망가뜨려서는 안 되는 물건이 있다면 내 눈에 띄지 않는 곳에 두면 좋겠어요. 과자 상자도 마찬가지예요. 먹으면 안 되는 걸 알지만 과자 상자가 보이면 너무 먹고 싶어져요. 그래서 엄마가 안 볼 때 슬쩍 먹게 되고 거짓말을 하는 거예요.

##  거짓말이 아니라 상상 속 이야기일 뿐이에요

나랑 별이는 거실에서 소파 뒤에 숨어 있는 유령을 본 적이 있어요. 우린 유령에게 살짝 다가가서 깜짝 놀라게 해 가방에 넣어서 밖으로 던졌어요. 정말 용감하죠? 그런데 엄마는 우리가 진짜로 유령을 본 게 아니고 거짓말을 하는 거라고 해요. 하지만 진짜 본 걸요!

때때로 내 상상력은 너무 강하고 생생해서 진짜인 것만 같아요. 난 아직 사실과 상상을 정확히 구분하는 게 어렵거든요. 그걸 거짓말이라고 부르지 말아주세요. 대신 상상 속의 재미있는 이야기라고 불러주세요. 그럼 진짜 세계랑 상상 속의 세계를 구분하는 데 도움이 될 거예요.

### 육아솔루션 | 아이들의 거짓말은 어른의 거짓말과는 다르답니다

네 살은 아직 완전한 분별력을 갖지 못하는 나이입니다. 그러므로 아이가 그러한 분별력을 갖게 되기까지 인내심을 갖고 천천히 주지시켜 주세요. 아이의 입장에선 거짓말이 아닌 경우도 있습니다. 예컨대 상상력이 풍부한 아이가 상상과 현실을 제대로 구분하지 못했을 때 같은 경우이지요. 이럴 때 거짓말을 했다고 무작정 나무라면 아이의 무한한 상상력과 창의력은 자라지도 못한 채 꺾여버리고 만답니다.

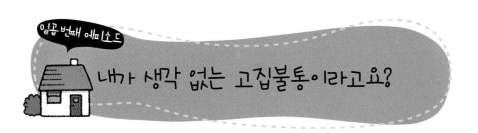

# 내가 생각 없는 고집불통이라고요?

난 그저 뭘 원하는지,
뭘 싫어하는지 말하는 것뿐인데
왜 고집불통이라고만 하시나요?

안전 모자

쳇! 싫어!

내가 계속해서 같은 말을 하는 건 그게 나한테는 매우 중요하기 때문이에요. 난 혼자서 이를 닦고 싶어요. 옷도 혼자 입고 싶고요. 세발자전거 탈 때 안전모자는 쓰기 싫어요. 외출할 때 선크림도 안 바를 거예요. 쓴 약은 절대 안 먹을 거고요.

엄만 항상 내가 엄마 방식대로 행동하기를 바라나 봐요. 하지만 하기 싫은 걸 자꾸 강요하면 정말 기분이 안 좋아져요. 짜증나고 화가 나서 막 소리를 지르게 되거든요.

### 안 된다고 말하기 전에 한 번만 더 생각해 주세요

"안 돼! 넌 뜨거운 그릇을 만지면 안 돼!", "엄마 화장품 갖고 놀면 안 돼!", "안 돼!", "안 돼!", "안 돼!" 엄마는 안 된다는 말을 너무 많이 해요. 내가 원하는 게 뭔지 진심으로 생각해 주세요. 엄만 내가 말하는 것들이 떼를 쓸 만큼 중요한 건 아니라고 생각하나 봐요.

하지만 나한텐 정말 중요해요. 혼자 할 수 있는 게 하나도 없으면 아무것도 배울 수 없을 거예요. 진짜 내 안전을 위한 일들을 생각한다면 "안 돼!"라는 말은 아껴주세요.

엄마는 외출하기 전엔 꼭 선크림을 발라야 한다고 해요. 하지만 선크림 바를 때 느낌이 너무 이상한 걸요. 왜 선크림을 안 바르려고 하는지 한 번이라도 물어봐주면 좋겠어요. 그러면 나도 스스로에게 왜 그렇게 싫은지 질문해 볼 수 있고, 뭐가 문제인지 알게 될 거예요. 문제가 무엇인지 알게 된다면 나는 뭐든지 스스로 해결해 나갈 수 있는 힘을 기를 수 있을 것 같아요. 그러면 이 다음에 커서도 어려운 문제에 부딪혔을 때 해결책을 생각해 내는 기특한 능력을 갖게 될지도 몰라요.

## 차근차근 이유를 설명해 주세요

안 된다고 해야 하는 경우엔 그 이유도 함께 설명해 주세요. 자전거를 탈 땐 항상 안전모자를 쓰는 게 우리 집 규칙이니까 안전모자를 쓰지 않으면 자전거를 탈 수 없다고 말해 주세요. 또 안전모자를 쓰면 혹시 자전거에서 떨어져도 머리를 보호해 줘서 다치지 않는다는 것도 말해 주세요. 엄마 아빠도 자전거 탈 때는 꼭 안전모자를 써주세요. 그러면 나도 따라서 쓸 것 같아요.

### 육아솔루션 | 아이의 고집은 자기 주장의 한 표현입니다

때론 아이의 고집이 터무니없을 때도 있습니다. 그래도 우선은 아이의 주장에 귀를 기울여주세요. 고집을 부리는 이유를 충분히 공감해 준 다음 아이가 이해할 수 있는 언어로 상황을 충분히 설명해 주세요. 그러면 매번 큰 소리를 내지 않고도 문제를 해결할 수 있답니다. 하지만 번번이 아이의 의견을 무시하고 부모의 뜻을 강요하면, 앞으로 자라서 건강한 자기 주장을 펼치는 데 문제가 생길 수도 있다는 점을 꼭 기억하세요.

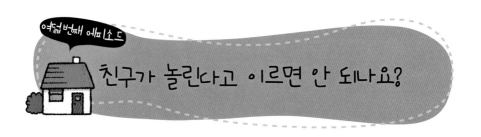

# 친구가 놀린다고 이르면 안 되나요?

엄마, 별이가 날 때려요.
별이가 과자 가져갔어요. 연우가 나한테
'메롱'해요. 엄마, 연우가 책상 위에서
뛰어내리려고 해요.

별이가요~

고자질-

연우가요~

난 규칙을 잘 지키고 있어요. 하지만 별이는 안 그래요. 걘 나쁜 행동을 자꾸 해요. 엄마도 그 사실을 알면 좋겠어요. 엄마가 별이를 야단쳐 주세요. 하지만 어떤 날은 엄마가 듣고 싶지 않다면서 날 야단치세요. 별이가 날 사마귀라고 불렀단 말예요. 별이가 날 그렇게 부르는 게 싫어요. 별이가 나를 속상하게 할 때마다 엄마한테 이를 거예요.

## 되는 것과 안 되는 것에 관한 규칙을 가르쳐주세요

만약 별이가 날 때리면 어떻게 해야 하나요? 별이는 나보다 훨씬 키도 크고 힘도 세요. 그래서 난 엄마의 보호가 필요해요. 별이가 나한테 한 일을 엄마한테 말하는 게 나쁜 건가요? 별이나 다른 사람이 날 아프게 하거나 다치게 하면 엄마한테 말해야 하는 거잖아요.

하지만 별이나 다른 사람이 날 다치게 하지 않았고, 단지 규칙을 지키지 않은 거라면 엄마한테 굳이 말하지 않아도 된다는 걸 가르쳐주세요. 엄마나 어른들은 우리가 꼭 지켜야 할 규칙을 잘 알고 있잖아요.

내가 이런 규칙을 잘 이해하기 위해서 몇 가지 예를 들어 설명해 주면 훨씬 좋겠어요. 별이가 날 때렸을 때 내가 아팠는지 물어봐 주세요. 그럼요, 아팠으니까 엄마한테 말하는 거잖아요. 별이가 책상에서 뛰어내렸을 때 누가 다쳤는지도 물어봐 주세요. 어쩌면 별이가 다쳤는지도 모르잖아요. 누군가 위험한 일을 하려고 할 때는 언제나 어른들한테 말하라고 가르쳐주세요.

"그럼 별이가 네 과자를 가져갔을 때 그것 때문에 마음이 아팠니?"라고 엄마가 물어봐주면 좋겠어요. 사실 별이가 내 과자를 뺏어 갔을 때 난 많이 속상했어요. 별이가 나한테 '메롱!' 했거든요. 과자를 빼앗겨서 기분이 나쁘기도 했지만 '메롱!' 하니까 백 배는 더 기분이 안 좋아졌어요. 그런데 엄마는 내가 왜 속상해하는지 관심이 없는 것 같았답니다.

## 들어갈 때와 나올 때를 아는 현명한 엄마가 되어 주세요

친구와 놀다가 사소한 언쟁이나 다툼이 있어도 쪼르르 엄마에게 달려와 모두 이를 필요는 없습니다. 물론 엄마는 아이의 가장 든든한 아군임에 틀림없습니다. 하지만 언제까지 엄마가 모든 걸 알아서 처리해 줄 순 없어요. 서서히 아이 스스로 문제를 해결할 수 있도록 도와주셔야 합니다.

또래집단 내에서 갈등이 있을 때도 아이가 자신이 느끼는 감정을 현명하게 표현할 수 있어야 합니다. 다만, 아이가 또래 관계에서 지나치게 상처를 받고 있다고 생각되면, 좀 더 시간이 필요할지도 모릅니다. 그럴 때는 무리해서 아이들과 억지로 어울리지 않도록 하는 것이 좋답니다.

# 난 너무 힘든데 그만 좀 징징대라고요?

엄만 내가 원하는 건 뭐든지
다 주세요. 난 계속 요구할 거예요.
나한테 진정으로 필요한 건
바로 엄마니까요!

오늘 하루 유치원에서 너무 힘들었어요. 친구랑 함께 세발자전거를 열심히 탔거든요. "엄마, 나 목말라요. 물 주세요.", "엄마, 아이스크림 하나 갖다 주세요.", "엄마, 상자가 안 열려요. 열어주세요.", "엄마, 이 장난감이 고장 났나 봐요.", "엄마, 내 자동차 박물관 책이 없어졌어요!"

엄마는 그만 좀 징징거리라고 해요. 하지만 지치고 배고플 때면 나도 모르게 그렇게 되는 걸요.

내가 피곤할 때면 엄마가 내 옆에 앉아서 찰흙 놀이도 하고 책도 읽어 주세요. 그러면 기분이 좀 나아질 것 같아요. 푹신한 소파에 앉아서 오늘 하루 재미있었던 일과 재미없었던 일에 대해 이야기를 나누는 건 어때요? 아직 난 지치고 힘들 때 혼자 시간을 보내기엔 너무 어리답니다.

### 🏃 엄마의 관심을 끄는 예쁜 말들을 가르쳐주세요

엄마가 내게 "그만 좀 징징거려!"라고 하셨어요. 그런데 징징거린다는 게 뭔가요? 엄마도 내게 예쁘게 말을 해주면 안 될까요? "네가 계속 그러니까 엄마 귀가 조금 아프구나."라고 하시면 나도 예쁘게 말할 수 있을 것 같아요. "엄마, 이 뚜껑 좀 열어주세요. 잘 안 열려요."라고요. 또는 "멋쟁이 우리 엄마! 이 뚜껑 여는 것 좀 도와주세요."라고 말하는 건 어떨까요?

내 요구에 성심성의껏 반응해 주세요

엄마, 내 요구에 바로 응답해 줄 수 없을 때는 조금 기다리라고 말해 주세요. 대답을 안 해주면 엄마가 못 들었다고 생각해서 대답해 줄 때까지 계속 같은 말을 하게 돼요. 어떤 때는 난 예쁘게 물었는데 엄마가 대답을 안 해주어서 징징거릴 때도 있어요. "알았어. 그런데 지금은 엄마가 설거지하고 있으니까 끝나면 갖다 줄게."라고 말하면 얌전히 기다릴 수 있어요.

하지만 무조건 "안 돼!"라고 대답하는 건 싫어요. 꼭 그렇게 대답해야 하는 경우라도 안 되는 이유를 설명해 주세요. 차근차근 설명해 주면 나도 잘 알아들을 거예요. 예를 들면 이렇게요. "엄마한테 예쁘게 물어봐줘서 고마워. 하지만 지금은 안 돼. 곧 저녁 식사할 시간이거든. 대신에 저녁식사 다 하고 나면 해줄게."

 **아이들은 부모의 반응을 먹고 자랍니다**

아이가 자주 징징댄다면 혹시 평소 아이의 요구나 행동에 적절히 응답해 주지 않았는지 점검해 볼 필요가 있습니다. 아이가 자주 징징대며 조른다는 건, 과거 그런 행동을 통해 자기의 요구가 받아들여졌기 때문에 일종의 강화가 된 상태라고 봐야 합니다. 아이가 뭔가를 요구할 때는 우선 주의 깊게 들어주고, 들어줄 수 없는 경우라면 대안을 제시해 줌으로써 아이가 보다 현명한 의사소통 기술을 배울 수 있도록 도와주세요.

part 02

네 살은 아직 충동적인
나이예요

> **에이 씨~!** 걔가 먼저 나한테 똥싸개라고 놀렸단 말예요. 화가 나서 나도 모르게 그 애를 밀치고 말았어요. 알아요. 나도 친구를 밀치는 게 나쁘다는 건 알아요. 하지만 하지 말라고 하는데 계속 그러잖아요. 아직은 충동을 잘 조절하는 게 힘들답니다.

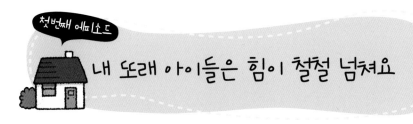

# 내 또래 아이들은 힘이 철철 넘쳐요

난 그냥 보고만 있는 건 잘 못해요.
나 같은 아이들은 많이 움직여야 하거든요.
그런데 하고 싶은 대로 하다 보면 왠지 자꾸
모든 게 이상하게 꼬여 버려요.

## 싫어, 형 따라 수영교실엔 두 번 다시 안 갈래요!

거기 가면 가만히 앉아 있으라고만 하잖아요. 난 헤어드라이어의 버튼을 이리저리 눌러 보고 싶다고요. 선반에 있는 게 뭔지도 궁금해요. 대기실 의자에도 올라가서 놀고 싶어요.

하지만 엄만 항상 "안 돼!", "여기 착하게 가만히 앉아 있어, 아무것도 만지지 말고!" 이런 말만 하잖아요! 나도 정말 엄마 말을 듣고 싶지만, 몸이 말을 듣지 않아요.

### 야단치기 전에 내가 할 수 있는 일을 찾아주세요

엄마, 제발 내가 할 수 없는 것을 강요하지 마세요. 차라리 다른 놀거리를 찾아주세요. 작은 장난감을 수영장에 가지고 가면 참 좋겠어요. 아니면 내가 좋아하는 그림책 몇 권을 가져가거나요. 그럼 난 사고치지 않고 형을 기다리면서 대기실에서 장난감을 갖고 놀거나 책을 볼 수 있잖아요.

하지만 그것만으로는 수영교실 시간이 너무 길어요. 나머지 시간에는 엄마가 나랑 조금만 놀아주면 좋겠어요. 그럼 훨씬 재밌고 시간도 빨리 갈 것 같아요. 또 기다리면서 내가 해도 괜찮은 일을 알려주세요. 그럼 나도 형처럼 수영교실에 다니고 싶어질지도 몰라요.

아니면 형이 수영을 배우는 동안 나한테 맞는 놀이교실을 찾아봐 주실 수는 없나요?

## 엄마도 엄마를 위한 휴식 시간을 만드세요

내 또래 아이들은 힘이 철철 넘치고 바라는 것도 많아요. 그만큼 엄마도 힘이 많이 필요할 거예요.

가끔 엄마가 "너 때문에 정말 지쳤다!"라고 할 땐 나도 마음이 아파요. 그럴 때는 이렇게 생각해 주면 좋겠어요. '이 아이가 조금만 더 자라면 넘쳐나는 힘을 수영하는 데 쓸 수 있겠지. 아니면 친구들과 신나게 놀면서 쓸 수도 있을 거야.'라고요. 그런 날이 올 때까지 엄마도 틈틈이 휴식을 취할 수 있는 방법을 찾아보면 어떨까요?

옆집 준이를 불러서 나랑 놀게 하는 건 어때요? 그동안 엄만 잠깐 주무시거나 독서나 음악감상을 하며 쉬는 거죠. 어때요, 괜찮은 생각이죠?


### 육아솔루션 · 아이의 주의를 끌 수 있는 다른 뭔가를 준비해 주세요

네 살짜리는 왕성한 활동가입니다. 게다가 호기심도 풍부하죠. 어른처럼 가만히 얌전히 행동하길 기대하는 것 자체가 무리입니다. 그러니 아이가 조용히 있어야 하는 환경에 자주 데려가지 않는 게 좋습니다. 꼭 데려가야 한다면 아이의 주의를 끌 수 있는 다른 무언가를 준비해 주세요. 아이가 즐겨 보는 책 몇 권이나 장난감도 좋습니다.

# 정말로 화가 나는데 어떻게 해요?

내가 막 삽을 잡으려는데
은서가 인상을 쓰면서 확 잡아채 가지 뭐예요.
난 너무 화가 났어요. 그래서 양동이에 있던
모래를 걔 머리에 쏟아 버린 거예요.

에잇!

차르르륵~

공이나 장난감 트럭 또는 놀이찰흙이 갖고 싶을 때 난 어떻게든 그걸 뺏어야 해요. 그럴 때마다 엄만 늘 이렇게 말해요. "친구를 때리면 안 돼. 잡아당겨도 안 돼. 말로 해야지. 계속 그런 행동을 하면 아이들이 널 나쁜 아이라고 생각할 거야. 그럼 다시는 너랑 안 놀걸."

나도 알아요. 하지만 나도 모르게 손이 먼저 나가고 마는 걸요? 그럴 때마다 엄만 나한테 벌을 주지만, 벌은 나쁜 행동을 바로잡는 데 별로 도움이 되지 않아요. 그러니 내가 제대로 배울 수 있게 도와주면 좋겠어요. 나도 외톨이가 되긴 싫거든요.

##  잘못할 때는 조곤조곤 타일러 주세요

내가 머리에 모래를 쏟자 아마도 은서는 울었겠죠? 그때 엄마가 곧장 날 끌고 가선 막 소리지르며 야단치는 바람에 은서가 울었는지는 잘 모르겠어요. 내가 만약 그 자리에 계속 있었다면 은서가 우는 모습을 볼 수 있었을 거예요. 그랬다면 남의 머리에 모래를 쏟는 게 나쁜 행동이라는 걸 바로 알 수 있었겠죠.

은서가 나한테 괴로운 목소리로 "눈에 모래가 들어갔어. 다신 그러지 마, 아프단 말이야."라고 했다면 내 잘못을 깨닫는 데 도움이 됐을 거예요. 내 행동으로 인해 은서가 괴로워한다고 엄마가 말해 주었더라면 은서의 기분을 달래주기 위해 뭔가를 해야 한다고 생각했을지도 몰라요.

그러니까 제발 무작정 야단부터 치지는 마세요. 난 조곤조곤 타이
를 때 훨씬 쉽게 알아들어요. 그랬다면 은서한테 수건을 가져다 주
면서 사과했을지도 몰라요.

###  난 아직 자제력이 없어서 엄마의 도움이 필요해요

나에게는 아직 '자제력'이라는 게 없어요. 그러니까 엄마가 날 도와
주셔야 해요. 어떨 땐 엄마 얼굴만 봐도 하던 짓을 그만둬야겠다는
생각이 들어요. 사실 난 주위에 어른이 없을 때 문제를 일으키는 경
우가 많아요. 옆에 있다 해도 다른 데 정신이 팔려 있을 때면 가만
안 있게 돼요.

엄마는 내가 민재를 세발자전거에서 끌어내리려고 하면 무조건
"동생한테 그러면 안 돼!"라고만 해요. 이럴 땐 그 다음에 무슨 일이
벌어질지 내가 한번쯤 생각해 볼 기회를 주는 건 어떨까요? 나한테
는 내 행동으로 인해 어떤 결과가 생길지 미리 생각해 보는 훈련이
필요하답니다.

민재를 세발자전거에서 끌어내리는 대신 다른 선택을 할 수도 있
다는 걸 알려주세요. 예컨대 내가 탈 만한 다른 자전거가 있는지 주
위를 둘러보게 할 수도 있잖아요.

또 자전거 말고 다른 장난감을 갖고 놀 수 있다는 것도 알려주세
요. 또 민재한테 "너 타고 나면 내가 타도 되니?"라고 물어보게 알려
줄 수도 있어요.

## 화난 감정을 어떻게 조절하는지 엄마가 보여주세요

난 행동파라서 엄마의 잔소리가 아니라 행동을 보고 더 잘 배운답니다. 엄마는 나한테 늘 친구나 동생은 때려서도 안 되고 꽉 잡아서도 안 된다고 하면서, 엄만 왜 나를 때리고 꽉 잡고 그러세요? 먼저 내 말에 귀를 기울여준 다음 내 감정을 이해해 주세요. 그러고 나서는 내 스스로 감정을 조절할 수 있게 도와주세요.

엄마가 화났을 땐 화났다는 걸 솔직하게 내게도 말해 주세요. 엄마가 화난 감정들을 어떻게 조절하는지 보여주는 것도 좋답니다. 또 하나! 내가 말썽을 피워서 엄마를 화나게 했을 때라도 날 꼭 껴안아 주면 좋겠어요. 내가 비록 나쁜 아이처럼 행동했지만, 날 여전히 사랑하고 있다는 걸 알려주세요. 감정 조절하는 법을 배우는 건 몹시 어려워요. 나한테 화내고 등 돌리는 대신 엄마가 함께 있어주면 감정 조절하는 법을 배우기가 훨씬 쉬울 거예요.

### 육아솔루션  아이는 때리는 행동을 쉽게 모방합니다

아직 분별력이 갖춰지지 않은 이 시기 아이들은 순간의 감정을 억누르지 못하고 공격적인 행동을 보일 수 있습니다. 이런 상황이라면 부모나 어른의 개입이 필요하겠죠. 우선은 아이의 행동을 제지시킨 후 잘못된 행동이라는 점을 아이 입장에서 충분히 이해할 수 있게 해주세요.

하지만 엄마가 아이에게 소리를 지르거나 똑같이 아이를 때리면, 이런 엄마의 행동을 그대로 다른 사람에게 할 수도 있습니다. 화가 난 엄마가 분노를 잘 조절하는 모습을 보이는 것도 아이에게 훌륭한 모범이 된답니다.

세번째 에피소드

# 걔가 먼저 나한테 잘못했단 말예요

난 동생 민재가 너무 싫어요!
내 풍선을 빼앗고는 돌려주지 않아요.
민재가 없어져버리면 좋겠어요.

"그만두지 못해! 동생을 미워해선 안 되는 거야. 너도 동생을 좋아하잖니. 풍선이 동생보다 더 소중하단 거니? 반성하기 전까진 네 방에서 나오지 마!"

내가 왜 벌을 받아야 해요? 내가 잘 갖고 놀던 풍선을 빼앗아간 건 동생이란 말예요. 동생이 이렇게 행동한 건 한두 번이 아니에요. 내 물건을 동생이 가져가서 내가 도로 빼앗아올 때마다 엄마는 "말로 해라. 싸우지 말고."라고 하셨어요. 그래서 난 지금 말로 하는 거예요. 그런데 엄마는 왜 내 말은 들으려고도 하지 않죠? 왜 날 도와주지 않는 거예요?

그리고 속상한 건 난데 왜 엄마가 더 화를 내는 거죠? 혹시 엄만 내가 기분 좋을 때만 나를 좋아하는 거 아닌가요? 난 일부러 화를 낸 적이 한 번도 없어요. 그냥 나도 모르게 그렇게 된 것뿐이에요. 누구나 가끔은 나처럼 화를 내잖아요. 엄마도 그렇고요. 누군가 우리 집 앞에 쓰레기를 잔뜩 버리고 간 날 기억하세요? 그때 엄마가 얼마나 화를 냈다고요. 그때 엄마의 기분을 떠올린다면 지금 내 기분이 어떤지 잘 알 거예요.

##  안전한 방법으로 분노를 표현할 수 있게 도와주세요

나쁜 감정은 빨리 사라지면 좋겠어요. 동생을 때리고 풍선을 도로 찾아오면 기분이 좀 나아질지도 몰라요. 그렇지만 엄마가 동생을 때리면 안 된다고 했잖아요. 그래서 나도 엄마 말을 따르려고 노력하는 중이에요.

동생이 풍선을 빼앗아가면 나쁜 생각이 들어서 나도 모르게 걔가 죽도록 싫다고 말하게 돼요. 솔직히 그 말이 정확하게 어떤 뜻인지는 잘 몰라요. 그렇지만 그렇게 말하면 주위에 있던 어른들이 관심을 가져요.

엄마, 그런 감정이 일종의 분노라는 걸 알려주세요. "너 때문에 화가 나!"라고 하는 게 좀 더 좋을 거 같긴 해요. 이렇게 솔직하게 말하면 화난 감정이 사라지기도 하거든요.

엄마가 분노를 다스릴 수 있게 도와주세요. 나를 꼭 껴안아주거나 책을 읽어주면 좋을 거 같아요. 산책이나 비누거품 놀이를 하는 것도 큰 도움이 될 거예요. 감정에 관한 것들을 나 혼자서 배울 수는 없으니까 엄마가 도움을 주셔야 해요.

 ## 아이의 분노를 건전하게 해소하게끔 도와주세요

사람이 화를 내지 않고 늘 웃으며 살아갈 수 있다면 정말 좋겠지만, 이는 사실상 불가능합니다. 바람직한 방법으로 화를 해소하는 것 또한 정신 건강을 유지하는 데 매우 중요하답니다.

분노의 감정을 건전하게 해소하는 방법을 어릴 때부터 몸에 익힐 수 있게 도와주세요. 더불어, 화를 풀기 위해 다른 사람이나 자신의 안전을 위협하거나 감정을 상하게 할 수 있는 행동을 하지 않도록 잘 이끌어주어야 합니다.

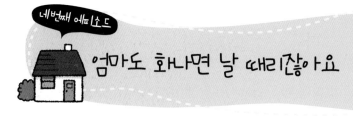

네번째 에피소드

# 엄마도 화나면 날 때리잖아요

"당장 그만둬! 때리면 안 돼! 도대체
동생 때리지 말라고 몇 번을 말해야 하니?
도대체 언제쯤 엄마 말을 들을래?
정말 구제불능이구나."

쿠르르르~

쿠르르르~

동물인형들하고 놀고 있는데 동생 민재가 오더니 내가 만든 울타리를 빼앗아 가잖아요. 그래서 "내 거 내 놔!" 하면서 녀석을 딱 때려줬어요. 엄마도 화가 나면 날 때리고 소리도 지르니까 난 엄마처럼 한 것뿐이에요. 엄마는 동생을 때리지 말라고 하면서, 엄마가 화날 때는 나를 때려요. 정말 헷갈려요. 엄마도 때리니까 나도 때려도 되는 것 아닌가요?

 ### 화날 때 어떻게 행동해야 하는지 엄마가 보여주세요

엄마는 늘 나한테 때리면 안 된다고 해요. 그게 규칙이래요. 그래서 내가 지켜야 한대요. 그런데 엄마는 화가 날 때면 내 마음을 아프게 하는 말을 해서 나를 슬프게 해요.

엄마가 화가 났을 때는 솔직하게 "엄마 지금 화났다!"고 말해 주면 좋겠어요. 먼저 "엄만 네가 동생을 때리면 너무 화가 난단다."라고 말해 주세요. 그런 다음 천천히 열까지 세는 거예요. 그러면 엄마도 화가 조금은 가라앉을 거예요. 엄마가 안정되면 그때 동생과 있었던 문제에 대해서 함께 차근차근 얘기해 보는 거예요.

내가 엄마를 자주 화나게 하는 거 알아요. 엄마 말대로 내가 정말 구제불능이라 그런 걸까요? '구제불능'이란 게 뭔지는 잘 모르지만 말예요.

엄마, 화나게 해서 너무 죄송해요. 엄마가 화나면 너무 무서워요. 이렇게 화를 내는데 엄마가 날 사랑하는 거 맞나요? 때론 사랑하는

사람끼리도 서로 화내고 싸우기도 하니까 여전히 날 사랑한다고 말
해 주세요. 그리고 날 꼭 껴안아주세요.

 힘들 때는 엄마만의 시간을 채워보세요

엄마, 기분이 안 좋아요? 아니면 어디 아픈 거예요? 피곤하고 아
플 때면 난 심술쟁이가 되거든요. 그건 엄마도 똑같은 것 같아요. 그
럴 땐 누워서 낮잠을 좀 주무세요. 아니면 날 돌봐줄 사람을 알아보
는 것도 좋겠어요. 할머니나 할아버지한테 도움을 청할 수도 있고,
아니면 은호네 가서 놀고 오는 것도 좋을 것 같아요. 저번에 은호 아
줌마도 은호를 우리 집에 맡겼잖아요. 그러고 나서 엄만 친구들을
만나는 거예요. 친구들하고 신나게 놀고 나면 엄마 기분이 좋아지잖
아요.

 **아이들은 엄마의 감정에 매우 민감합니다**

자신이 가장 사랑하고 가까운 사람인 엄마의 기분이 좋지 않으면 아이들은
즉시 알아차립니다. 또 엄마가 언짢을 때 하는 행동을 머릿속에 저장해 놓고
자신이 언짢을 때 그대로 답습하기도 합니다.

엄마가 아이의 건강한 역할 모델이 되어주세요. 그리고 어떠한 경우에도,
심지어 아이가 잘못된 행동을 해서 야단치는 경우라도 엄마는 아이를 한결같
이 사랑하고 있다는 믿음을 주어야한답니다.

# 내가 너무 제멋대로라고요?

만지지 마! 그 왕관은
내가 좀 이따 쓸 거란 말이야.
넌 저기 꽃무늬 머리띠나 해.

쓰지 마!
안 돼!

공주 놀이에서는 내가 뭐든 주인공이어야 해요. 그런데 나은이가 내 말에 잘 따라주지 않아요. 그러면 나는 화가 나서 어쩔 줄을 모르겠어요. 내가 너무 멋대로 행동하는 건가요? 난 그냥 나은이가 해야 할 일을 알려주고, 또 그것들을 어떻게 해야 하는지 엄마처럼 말해 주는 것뿐이에요.

"자, 이제 티셔츠를 입자. 먼저 손부터 집어넣고 그 다음엔 머리를 넣어. 다 됐으면 이제 바지를 입어라." 엄마는 늘 이렇게 내게 말해 주었거든요.

네 살이 되면서 난 다른 사람들도 그들만의 생각과 계획이 있다는 걸 알아가기 시작했어요. 아기 땐 그런 걸 몰랐죠. 그래서 엄마가 그만 놀고 집에 들어가자고 하면 그냥 "싫어!" 하고 말했어요. 지금은 엄마가 저녁 먹자고 들어오라고 하면 "미끄럼틀 딱 한 번만 더 타고 들어갈게요!"라고 말해요. 서로 의견이 다를 때는 협상이란 걸 해야 한다는 걸 이제 나도 알아요.

 우리끼리 협상하고 있을 땐 끼어들지 말아주세요

나은이가 분홍색 왕관을 쓰고 싶대요. 분홍색 왕관을 쓰게 하지 않으면 나랑 공주 놀이를 안 하겠대요. 그래서 소리쳤죠. "싫어, 이건 내 거야!"라고요. 하지만 나도 알아요. 이럴 땐 나도 어떤 선택을 해야 한다는 걸요. 그런데 이때 엄마가 들어와서 우리 문제를 해결해 주면 비슷한 문제가 생길 때마다 나는 엄마가 해결해 주기를 바라게 될 거예요.

엄마가 조금만 기다려 주면 난 내가 나은이랑 노는 걸 더 바라는 지, 아니면 지금 당장 분홍색 왕관을 쓰는 걸 더 바라는지를 생각해 볼 수 있어요. 협상은 사실 정말 어려워요. 하지만 협상할 줄 모르면 평생 친구와 재미있게 놀 수 없을지도 몰라요.

그렇지만 엄마, 우리한테서 너무 멀리 떨어져 있지는 마세요. 너무 화가 나서 나도 모르게 나은이를 때리기라도 하면 큰일이니까요. 만약 그렇게 되면 엄마가 빨리 와서 해결해 주는 편이 낫거든요.

나은이가 자기 집으로 돌아간 뒤에는 내가 아끼는 것들을 친구와 사이좋게 가지고 놀았다는 걸 칭찬해 주세요. 내가 친구의 생각을 존중하고 하고 싶은 것을 할 수 있게 배려하면, 그 친구가 다음에도 또 나랑 놀고 싶어 할 거라는 사실도 말해 주세요.

 **더불어 사는 법을 가르쳐 주세요**

건강한 사회 구성원이 되려면 어릴 때부터 다른 사람들과 더불어 사는 법을 배워야 합니다. 모든 것이 자기 고집과 뜻대로 된다면야 좋겠지만, 사실 그렇지 않은 경우가 더 많지요. 많은 경우 조금씩 양보해서 절충점을 찾을 수 있어야 합니다.

하지만 이런 능력은 하루아침에 얻어지는 것이 아니랍니다. 또래들과 놀 때부터 서로 타협하고 협상할 수 있는 능력을 길러갈 수 있게 도와주세요.

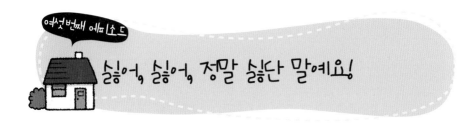

# 싫어, 싫어, 정말 싫단 말예요!

싫어, 난 그거 싫어,
이 머저리야!

아니, 얘가?

에잇-!

"싫어, 싫어, 싫어요!" 엄마를 화나게 하려고 일부러 그러는 게 아니에요. 나도 하기 싫은 게 있어요. 싫어하는 걸 억지로 하라고 하면 기분이 나빠져요. 그건 마치 발에 안 맞는 신발을 신었을 때 왠지 몸 전체가 다 이상해지는 것 같은 그런 느낌이에요.

또 뭔가가 너무 빨리 바뀌거나 새로운 것이 갑자기 많아졌을 때도 같은 느낌이 들어요. 마치 그것들이 나를 어떻게 할 것만 같아요. 그래서 나도 모르게 주춤하게 되고 "싫어!"라고 말하는 거라고요.

### 엄마한테 나쁜 말을 해도 내 속마음은 그렇지 않아요

내가 나쁜 말을 할 때면 엄마는 화부터 내면서 "엄마한테 그런 식으로 말하지 마!"라고 소리치잖아요. 그런데 엄마의 그런 말은 저한테 아무런 도움이 되지 않아요. 오히려 나한테 상처를 줄 뿐이에요. 내가 엄마한테 "싫어, 이 머저리야."라고 말한다 해도 속마음은 엄마가 날 도와주길 간절히 바라고 있어요.

"이 양말 안 신을래."라고 말할 때 무조건 신으라고만 하지 마세요. 내게 필요한 건 "양말에 뭔가 문제가 있나 보구나. 어디 한번 볼까?"라고 말해 주는 엄마의 배려예요.

어떤 문제가 있으면 그것이 무엇인지 설명할 수 있게 가르쳐주세요. 그러면 아마 다음엔 "엄마, 이 양말은 마음에 들지 않아요."라든가 "엄마, 이 양말을 신으면 불편해요."라고 말할 수 있을 거예요.

변화에 앞서 미리 준비할 수 있게 해주세요

오후 내내 공원에서 신나게 놀다가, 또 친구 집에서 재밌게 놀다가 집으로 돌아가야 할 때면 정말 힘들어요. 이럴 땐 나를 데리고 가기 전에 이렇게 말해 주세요. "지난번에 공원에서 놀다가 집에 가자니까 네가 심술 부렸잖아. 오늘은 어떻게 하면 기분 좋게 집에 돌아갈 수 있을지 생각해 보자."

아니면 "이제 5분만 더 놀다 가자."라고 말해 주는 것도 좋아요. 또는 "집에 가기 전에 네가 하고 싶은 거 한 번만 더 하고 갈까?"라고 말해 주는 것도 좋을 거 같아요.

또 이건 어때요, 엄마? 음…… 집 근처까지 조금만 날 업어주는 거예요. 네, 그게 좋겠어요! 다음에 우리 꼭 한번 해봐요.

## 육아솔루션 아이의 행동을 변화시키는 건 엄마의 따뜻한 배려입니다

아이들이 갑자기 싫다고 떼를 쓰는 건 엄마를 힘들게 하거나 속상하게 만들기 위해 일부러 그러는 게 아니랍니다. 아이들은 어른처럼 어떤 상황에서 다른 상황으로 넘어가는 전환 과정이 쉽게 이루어지지 못합니다.

예컨대 신나게 놀고 있는데 갑자기 집에 가자고 하면 받아들이기 어렵답니다. 아이들에게 준비할 수 있는 시간을 먼저 주세요. 조금만 천천히 배려해 주면 아이들도 그런 엄마의 마음을 금세 깨닫게 될 것입니다.

# 대체 버릇없다는 게 뭔가요?

싫어! 퉤퉤!
땅콩쿠키는 싫단 말이야!
다른 걸 주세요!

빠직~!
버릇없네~

맛없어!

우웩~

73

별이 엄만 버릇없다고 날 싫어하는 것 같아요. 오늘 별이 엄마가 준 땅콩쿠키를 뱉어냈거든요. 그리고 별이네 집 싱크대를 열고 다른 과자를 꺼냈거든요. 과자가 어디에 있는지 알고 있었으니까요. 그랬더니 별이 엄마가 "안 돼! 지금은 먹을 수 없단다. 그리고 남의 집에서 함부로 뭘 꺼내 먹는 건 아주 버릇없는 행동이란다."라고 하셨어요. 무척 화가 나신 것 같았어요. 그런데 '버릇없다'는 게 뭐예요? 내가 뭘 잘못한 건가요?

## 다른 사람들이 날 좋아하면 좋겠어요

'똥대가리' 같은 말이 다른 사람의 감정을 상하게 한다는 건 이미 배워서 알고 있어요. 그런데 다른 사람의 기분을 좋게 하고 예의바르게 이야기하는 건 어떤 건지 잘 모르겠어요. 내가 예쁘게 말하면 다른 사람들이 나를 좋아할까요?

주스가 먹고 싶을 때 "엄마, 주스 한 잔 주세요."라고 예쁘게 말하면 될까요? 그럼 주스를 받으면 "고맙습니다."라고 말하라고 알려주세요. 나도 엄마가 우유 좀 달라고 예쁘게 말하면 따라 드릴게요. 그럼 엄마도 "고마워."라고 말해 주실 거죠?

## 친구 집에서 예의바르게 행동하는 법을 가르쳐주세요

우리 집에선 배가 고프면 냉장고 문을 열고 먹고 싶은 걸 꺼내 먹으면 되잖아요. 그런데 왜 별이네 집에선 그러면 안 되죠? 별이 집에선 내가 손님이니까, 손님은 뭔가 필요한 게 있으면 그 집 어른한테 물어봐야 한다는 걸 알려주세요. 다 놀고 돌아올 땐 "재밌게 잘 놀았습니다."라고 인사하는 것도 잊어선 안 된다고 말해 주세요.

별이가 우리 집에 놀러오면, 내가 주인이고 별이가 손님이에요. 그럼 주인인 나는 문 앞에 나가 "안녕, 어서 와."라고 인사하면서 반갑게 맞이해야 하는 거죠? 또 헤어질 땐 문까지 나가서 "와줘서 고마워. 또 놀러 와."라고 말하는 거 맞죠?

기억할 게 너무 많네요. 엄마가 옆에서 도와주세요. 나랑 함께 "어서 와.", "잘 가."라고 인사해 주세요.

난 엄마한테 예의바른 말을 어떻게 사용하는지도 함께 배우고 있어요. 엄마가 세탁소 아저씨나 우유 배달 아줌마한테 웃으면서 고맙다고 할 때 그분들도 같이 웃어주는 걸 봤어요. 예의바른 행동은 진짜 멋진 것 같아요!

### 억지로 가르치지 말고 엄마가 모범을 보여주세요

친절과 예의는 억지로 주입할 수 있는 것이 아니에요. 생활 속에서 몸에 밴 행동이 되도록 해야 하지요. 그러기 위해서는 백만 번 잔소리하는 것보다 평소에 부모님이 보이는 행동 한 번이 아이에게 더 큰 영향을 미친답니다. 부모가 먼저 친절하고 예의를 갖춘 행동으로 다른 사람을 대한다면, 어느덧 내 아이도 그렇게 행동하고 있을 거예요.

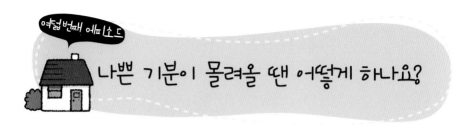

# 나쁜 기분이 몰려올 땐 어떻게 하나요?

기분이 이상해요.
자꾸만 심통을 부리고
싶어져요..

그만 집에가자!

탁

"자, 이제 집에 갈 준비가 되었니?" 엄마가 물어보았어요. 난 아니라고 했죠. 아직 준비가 안 되었으니까요. 미끄럼틀도 더 타고 그네도 더 타고 싶거든요. 근데 왜 엄마는 자꾸 집에 가자고 하는 거예요? 안 돼, 싫어요!

나는 더 놀고 싶은데 엄마가 집에 가자고 하면 나는 당황스럽고 화가 나요. 그런데 난 지금 발버둥치는 것 말고는 할 수 있는 게 없어요. 그럼 엄마는 "가만히 있지 못 하겠니?"라고 소리치시죠. 하지만 그렇다고 그냥 가만히 있을 순 없잖아요.

다시는 이런 기분을 느끼고 싶지 않아요. 일부러 이렇게 느끼려고 해본 적은 없어요. 그냥 그때그때마다 어떤 기분이 드는 것뿐이에요. 감정은 저절로 생기는 거니까요. 전에 별이 집에서 놀고 있을 때 난 가고 싶지 않는데 엄마가 날 억지로 집에 데려갔어요. 또 언젠가는 먹고 싶은 과자를 못 먹게 했고요. 그럴 땐 내 안에 나쁜 감정들이 생겨요. 그런데 내가 기분이 나쁘면 엄마 기분도 나빠 보여요.

## 뭘 어떻게 해야 하는지 스스로 결정하게 해주세요

난 아직 어리니까 내 행동에 엄마의 규제가 필요하기도 해요. 하지만 그냥 집에 가야 할 시간이라고 말하기보다는 집에 가기 전까지 5분 정도 남아 있으니 하고 싶은 일이 있으면 하라고 말해 주세요. 그럼 남은 시간 동안에 하고 싶은 일을 결정할 수 있을 거예요. 집에 가기 전에 그네를 한 번 더 탈 것인지, 아니면 토끼처럼 깡충깡충 뛰면서 놀이터를 한 바퀴 더 돌 것인지 말이죠.

## "안 돼!"보다 "그래."라는 말을 자주 해주세요

엄마는 자주 "안 돼!"라고 말해요. 마트에서 내가 과자를 사달라고 조르면 처음에는 안 된다고 했다가, 계속 울고불고 떼쓰면 결국 사주시잖아요. 그러면 나는 엄마가 안 된다고 했다가도 떼를 쓰면 내 말을 들어준다고 생각하게 돼요. 무조건 "안 돼!"라고만 대답하지 말고 내 말에 좀 귀를 기울여주세요. 그러고는 "그래."라고 말해 주는 거예요.

엄마가 내 생각이나 의견을 잘 들어준다는 믿음이 필요해요. "그래."라는 말을 들으면 "안 돼!"라는 말도 쉽게 받아들일 수 있거든요. 엄마가 조금만 바꾸면 나도 엄마의 말을 귀기울여 잘 들을게요.

## 통제가 안 될 때는 엄마의 단호함이 필요해요

내 스스로 통제가 안 될 때는 나도 겁이 나요. 처음에는 아무런 소리도 들리지 않아요. 내가 소리치고 울면 엄마도 화가 난다는 걸 알아요. 그렇지만 엄마, 그렇다고 날 그대로 외면하거나 소리치며 야단치지 마세요. 그럴수록 난 엄마의 도움이 더 많이 필요해요. 차분한 목소리로 "엄마도 네가 화났다는 걸 잘 안단다. 그렇지만 곧 괜찮아질 거야."라고 공감해 주세요.

내가 만약 화가 나서 엄마를 때릴 수도 있어요. 그럴 때는 이렇게 말해 주세요. "엄마를 때리면 안 돼. 네가 화를 내는 건 괜찮지만 그렇다고 다른 사람을 때리는 건 좋은 행동이 아니란다."라고요. 또한 엄마는 나를 진정시키려고 하는 건데 계속 이러면 방으로 들여보낼 수밖에 없다는 걸 분명하게 말해 주세요.

아직은 화낸 다음 차분한 감정을 되찾는 게 참 어려워요. 내 안의 나쁜 기분들을 없애버리기 위해 한동안 크게 소리지르며 울지도 몰라요. 하지만 엄마가 옆에서 공감하고 배려해 준다면 이런 짜증은 좀 더 빨리 끝날 거예요.

편안한 의자에 앉아 마음을 가라앉히는 것도 좋을 것 같아요. 엄마랑 함께 놀이 같은 걸 하면 더 빨리 기분이 나아질 수도 있어요. 엄마는 내가 좋아하는 걸 잘 아니까 짜증내고 떼를 쓸 때 같이 놀자고 제안해 주세요. 그러면서 엄마랑 함께 놀이를 하면 안 좋은 기분도 금세 사라질 거라고 말해 주세요.

## 육아솔루션 반복된 부정은 낮은 자존감의 원인이 됩니다

어릴 때 자주 부정당한 아이는 건강한 인성과 자존감을 키워갈 수 없습니다. 긍정의 힘은 놀라운 힘을 발휘하거든요. 이성을 잃은 아이의 행동을 통제해야 하는 것은 부모의 몫이긴 하지만, 평소에 아이의 행동이 받아들여질 수 있는 상황을 많이 만들어주세요. 또한 아이가 감정 조절을 하지 못하고 폭발할수록 엄마나 아빠는 더욱 평정심을 유지해야 한다는 것도 잊지 마세요.

part 03

네 살 짜리의 놀이를
이해해 주세요

"얍! 나는 용감한 파워레인저예요. 이제부터 악당들을 물리치러 갈 거예요. 조용하게 놀라고요? 그럼 난 이제부터 고양이가 될래요. 난 예쁜 아기 고양이니까 엄마가 예뻐해 주세요. 이런 놀이들이 유치하다고요? 하지만 난 이런 놀이들을 통해 정말 많은 걸 배우고 있는 걸요!"

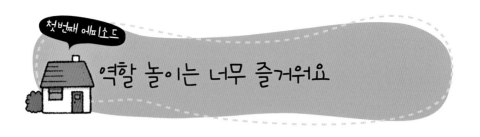

첫번째 에피소드

# 역할 놀이는 너무 즐거워요

난 지금부터 아기 고양이예요.
야옹~

은서는 노란색 아기 고양이고, 난 얼룩 아기 고양이랍니다. 우릴 쓰다듬어 주실래요? 고양이들은 머리를 쓰다듬어 주는 걸 좋아해요. 야옹, 야옹~

지금 엄마 앞에 있는 이 고양이들은 배가 고파서 우유랑 과자가 먹고 싶대요. 엄마는 배고픈 불쌍한 고양이들을 막 발견한 착한 어른인 거예요. 고양이들이 이젠 밖에 나가서 놀고 싶대요. 놀이터에 가서 놀아도 되죠?

아기 고양이가 되어 보는 건 참 재미있어요. 아기 고양이들은 아주 귀엽고 털이 보드라워서 사람들이 좋아해요. 아기 고양이 놀이 말고도 난 엄마나 아빠, 공주, 말, 소방관 놀이도 아주 좋아해요. 이렇게 역할 놀이를 하면 내가 마치 다른 사람이 된 것 같아요. 너무 재미있기도 하고요.

어떨 때는 내가 무서워하는 것들이 되어 보기도 해요. 어린이집에서 소방서를 견학한 이후로, 난 불이 난 곳에서 사람들과 동물들을 구하는 소방관 놀이를 했어요. 난 불과 열심히 싸웠어요. 처음엔 너무 무서웠지만 하면 할수록 무서움은 사라지고 뭔가 알 수 없는 힘이 솟아오르면서 많은 사람을 불에서 구해 내는 훌륭한 소방관이 되었어요.

 역할 놀이는 세상을 배우는 중요한 수단이에요

엄마, 나랑 아기 놀이해요. 싫어요! 잠잘 시간이라고 하지 마세요.

잠깐 동안만이라도 같이 놀아요, 네? 내가 엄마 할게요. 엄만 아기 하세요. 내가 아기를 위해 뭘 준비했는지 아세요? 바로 과자예요. '자, 같이 먹자. 냠냠냠. 자, 이젠 잠잘 시간이다. 엄마 옆에 누워요. 참 잘했어요, 우리 아기. 네가 원하는 만큼 엄마가 네 옆에 있어 줄게. 나쁜 꿈도 꾸지 못하게 해줄게. 잘 자라.'

엄마가 되어 보는 건 참 좋아요. 아기가 된 엄마한테 먹을 것도 주고 안전하게 보호도 해주고 말이죠. 나랑 함께 놀아줘서 고마워요, 엄마. 이젠 진짜 잘게요.

## 역할 놀이엔 엄마의 지지가 필요해요

은서랑 나한테 아기 고양이들은 과자를 안 먹는다는 말은 하지 말아 주세요. 이건 은서랑 내가 만들어낸 우리들만의 이야기니까요. 우린 매우 중요한 아기 고양이들이랍니다. 우리의 놀이에서는 무엇이든지 가능해요. 엄마의 도움이 필요하면 얘기할게요. 자, 이젠 이 아기 고양이들한테 과자 좀 주시겠어요?

은서랑 난 지금 파티 중이에요. 엄마의 립스틱을 좀 써도 될까요? 엄마 신발 좀 신어도 되죠? 그럼 우린 아주 멋진 어른들처럼 보일 거예요. 엄마의 댄스 뮤직도 틀게요. 그리고 음악에 맞추어 몸을 흔들어댈 거예요. 어른들처럼 치장하는 건 진짜 재미있어요. 어린이집엔 모자랑 옷이랑 신발이 많아요. 그래서 우린 종종 이런 놀이를 해요. 가짜 음식도 많이 있답니다.

집에서도 이런 놀이를 할 수 있게 몇 가지 물건을 준비해 두면 좋겠어요. 내 장난감 상자나 바구니에 담아주면 더 좋고요. 그럼 나도 나만을 위한 치장을 할 수 있는 놀이 세트를 갖게 되는 거니까요. 진짜 진짜 멋질 거예요.

 **놀이도 중요한 학습의 과정입니다**

이 시기의 아이들은 놀이를 통해 배웁니다. 아이가 동물처럼 행동하면 진짜 동물처럼 대해 주고, 소방관처럼 행동하면 진짜 소방관처럼 대해 주세요. 마치 무엇이 된 양 행동하는 역할 놀이를 통해 아이는 자기가 흉내내고 있는 대상의 특성을 보다 잘 이해할 수 있게 됩니다. 아이의 놀이를 유치하다고 무시하지 말고, 장단을 맞춰 주면서 아이와 함께 즐겨 보세요.

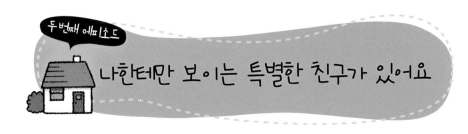

# 나한테만 보이는 특별한 친구가 있어요

예지가 소파에 있는 방석을 모조리 치웠어요.
물론 난 예지에게 하지 말라고 그랬죠.
하지만 내 말을 듣지 않는 거예요.
난 착한 아이지만 예지는 아니거든요..

내가 아니라 얘요, 얘가 그랬어요!

누가 예지냐고 물으셨죠? 예지는 내 친구예요. 엄마는 그 아이를 볼 수가 없어요. 예지는 나만 볼 수 있고, 나하고만 얘기하니까요. 예지가 차를 타고 싶다고 해서 엄마랑 차 타고 외출할 때 데리고 갔어요. 그리고 동물 흉내내기 놀이도 같이 했는데 무척 재미있었어요.

예지는 내가 다른 친구들이랑 같이 있을 때는 나타나지 않아요. 다른 아이들이 다 가고 나면 그때서야 나한테 다가와요. 예지는 진짜 좋은 친구예요. 내가 원하면 언제나 함께 놀아주거든요.

내가 이상해졌거나 뭐가 잘못되어서 그러는 게 아니니까 너무 걱정하지 마세요. 난 그냥 재밌는 시간을 보내고 있는 것뿐이랍니다. 엄마가 예지에 대해서 조금만 알게 되면 전혀 걱정할 일이 아니라는 걸 금방 알게 될 거예요.

## 상상 속 친구는 매우 특별한 존재입니다

엄마는 예지를 싫어하세요. 그러면서 예지는 진짜가 아니라고 말해요. 하지만 엄마, 진짜란 게 뭔가요? 또 그게 뭐 그리 중요하죠? 엄만 옷도 입고 말도 하는 동물들에 대한 이야기책을 읽어주잖아요. 그것도 진짜는 아닌 걸요!

또 텔레비전에서는 하늘을 나는 사람도 나오고, 고래 몸속에서 사는 사람들도 나와요. 그런 일이 진짜로 일어날 수 있는 건가요? 나한테 진짜인지 아닌지는 별로 중요하지 않아요. 왜냐하면 상상 놀이는 아주 재미있거든요. 나도 예지가 진짜 내 친구들하고는 많이 다르다는 걸 알고 있답니다.

그래도 엄만 내 소중한 친구 예지한테 친절하게 대해 주셔야 해요. 예지는 내 손님이거든요. 예지가 놀러 오면 엄만 예지와 인사도 나누고 또 우리랑 같이 점심을 먹자고 물어봐 주세요. 하지만 예지에게 제일 좋은 게 뭔지는 내가 결정할 거예요. 왜냐하면 예지에 대해서는 누구보다도 내가 가장 많이 알고 있으니까요.

## 상상 속 친구는 새로운 것들을 배울 수 있게 도와줘요

예지는 아직 세 살이라서 내가 가르쳐줘야 할 게 아주 많답니다. 우리 집에서 지켜야 할 규칙이 뭔지 알려줘야 우리 집에 놀러 왔을 때 그 규칙들을 잘 따를 수 있잖아요. 개껌을 가지고 놀면 안 된다거나, 식사를 할 때는 식탁에 앉아서 먹어야 한다거나 하는 것들 말이에요.

문제는 예지가 이런 규칙들을 별로 좋아하지 않는다는 거예요. 저번에 예지가 블록들을 마구 집어 던질 때는 진짜 타임아웃이 필요했어요. 난 목소리에 힘을 주고 집안에서 블록을 던지면 안 된다고 말했죠. 난 네 살이라 규칙을 잘 알지만, 세 살밖에 안 된 예지가 이러한 규칙들을 제대로 기억하기란 쉽지 않을 거예요.

나도 예지가 방석을 모두 치운 건 잘못이라고 생각해요. 걘 방석들을 가지고 인형들의 성을 만들려고 했대요. 이런 일이 벌어졌을 땐 "예지한테 방석은 소파에 있어야 하는 게 규칙이니까, 어질러놓은 것은 너랑 함께 치웠으면 좋겠다고 전해줘."라고 말씀해 주세요. 그러면 아마 예지도 규칙을 알아들을 수 있을 거예요. 참, 예지한테 만약 방석들을 제자리에 놓아두지 않으면 다신 우리 집에서 놀 수 없다고 말해 줄게요.

## 상상력과 사회성의 씨앗을 무럭무럭 키워주세요

누구나 어린 시절 상상 속의 친구 하나쯤 가져본 경험이 있을 것입니다. 상상 속 친구를 통해 아이는 상상력뿐만 아니라 사회성도 기를 수 있답니다. 가끔 자신의 잘못된 행동을 상상의 친구에게 뒤집어씌우기도 하지만, 이런 행동은 분별력이 성장할수록 사라질 것입니다. 그런 경우 아이를 나무라기보다는 그런 행동이 옳지 않기 때문에 그 친구에게 이런 행동이 나쁘다는 걸 가르쳐 주라고 이야기해 주는 것이 더 효과적이지요.

아이의 상상 속 친구를 인정하고 받아들여 주세요. 그러면 아이도 엄마에게 더욱 마음을 열어갈 것입니다.

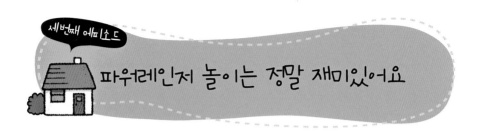

세번째 에피소드

# 파워레인저 놀이는 정말 재미있어요

난 핑크레인저고,
별이는 옐로레인저예요.
우린 악당들을 물리칠 거예요.

내 칼을 받아랏!

으악~

별이가 우리 집에 오면 같이 파워레인저 놀이를 할 거예요. 생각만 해도 너무너무 신나요. 우리는 파워레인저가 되어 발로 차며 주먹으로 때리고 온갖 소리를 내면서 싸우며 놀 거예요. 내가 어떻게 싸우는지 보여줄게요. 파워레인저 놀이를 하면 내가 힘세고 용감한 사람이 된 것 같아요.

그런데 엄마는 내가 파워레인저 놀이를 하는 게 싫은가 봐요. "오늘은 파워레인저 놀이를 하지 말고 다른 거 하면서 놀면 어떠니?"라고 하세요. 하지만 파워레인저는요, 악당과 싸우는 좋은 사람들이에요. 누군가는 악당들과 싸워야 하잖아요. 엄마가 어렸을 땐 이런 놀이 안 하셨나요?

엄마가 걱정하는 게 뭔지 알아요. 내가 이런 놀이를 하면 나중에 무슨 문제가 생겼을 때 말보다는 주먹부터 사용하는 걸 먼저 배울까 봐 걱정하는 거죠? 하지만 난 이런 놀이를 통해 좋은 것과 나쁜 것에 대해 배워요. 또 힘을 어떻게 통제할 것인가에 대해서도 배울 수 있고요.

아기였을 땐 세상에 나쁜 사람들이 있다는 사실을 몰랐어요. 하지만 지금은 알아요. 텔레비전에서도 볼 수 있고, 엄마도 그런 나쁜 사람들에 대해 조심하라고 말해 주셨잖아요. 이런 놀이를 하면서 무서운 척해보기도 하고, 그러다 보면 무서움에 대한 감정을 조금은 이해할 수 있게 돼요.

## 내가 해서는 안 되는 행동들을 알려주세요

파워레인저 놀이는 그저 놀이일 뿐이라고 말해 주세요. 놀이터에 나가서 아이들과 놀 때는 파워레인저 놀이를 할 때처럼 큰 기합 소리로 다른 아이들을 겁주는 행동을 하면 안 된다는 것도 알려주세요.

파워레인저는 좋은 사람들이니까 나도 그들처럼 다른 사람들한테 친절하게 대해야 한다는 것도 말해 주세요. 개나 고양이, 가구나 물건 혹은 다른 사람을 발로 차서는 안 된다는 것도요.

엄마, 그럼 내가 다른 어떤 것도 다치게 하지 않으면서 싸우기 연습을 하는 건 괜찮은 거죠?

 ## 텔레비전에 싸우는 장면이 나오면 못 보게 해주세요

내가 좋아하는 텔레비전 프로그램에는 싸우는 장면이 많이 나와요. 용감한 영웅들이 악당들을 물리치죠. 싸우는 장면이 많이 나오는 텔레비전 프로그램을 보면 나도 그렇게 싸워보고 싶어져요. 만약 그런 장면을 본 뒤에라면 엄마가 그 장면들에 대해 내가 어떻게 생각하는지 물어봐 주면 좋겠어요. 그러면 무조건 따라하는 걸 조금이라도 예방할 수 있을 거예요.

아니면 "저런 일이 진짜 있는 걸까? 아니면 그냥 만든 얘기일까?"라고 물어볼 수도 있어요. "너라면 어떡하겠니?"라는 질문도 좋고요. 무서운 것들에 대해 엄마와 함께 이야기를 나누면 그런 것들을 이해하는 데 도움이 되거든요. 텔레비전에서 무서운 장면들이 많이 나올 때는 텔레비전 보는 거 말고 다른 놀이를 찾아봐요.

그리고 엄마, 파워레인저들은 진짜 사람은 아니에요. 상상의 세계 속에서 악당을 물리치는 영웅들일 뿐이죠. 그럼 진짜 우리 세상을 지키는 영웅은 누가 있을까요? 경찰관들도 나쁜 사람들로부터 우리를 지켜준다는 것을 가르쳐주세요. 어느 차가 경찰차고 또 우리 집 근처에 경찰서는 어디에 있는지도 알려주세요. 진짜 경찰관을 만나 보고 싶어요.

 **진짜 영웅이 어떤 사람인지 가르쳐주세요**

아이들은 빠르게 모방하고 학습합니다. 폭력적인 장면에 자칫 잘못 노출되지 않도록 신경 써야 하는 이유이지요. 분별력이 제대로 형성되지 않은 상태에서 옳고 그름에 관계없이 행동만을 모방하게 될 수 있거든요. 그러므로 무분별한 폭력 장면을 아이들이 보지 않도록 해주세요.

또 진정한 영웅은 싸움만 잘하는 사람이 아니라 다른 사람을 배려하고, 그들을 도울 수 있어야 한다는 것도 가르쳐 주세요.

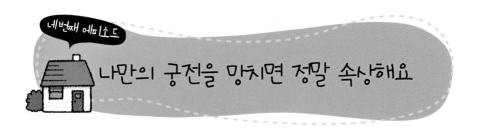

# 나만의 궁전을 망치면 정말 속상해요

이건 내가 열심히 만든 나만의
마술 궁전이에요. 치우기 싫다고요!

더 놀고 싶어……
그냥 내버려두면
안돼요?

난 궁전을 만드는 게 좋아요. 가장 튼튼하고 훌륭한 궁전은 의자랑 담요랑 밥상이랑 소파 방석으로 만든 거랍니다. 궁전이 완성되면 내 인형들을 모두 그 안에 옮겨놓을 거예요. 이건 영원히 사라지지 않는 '마술 궁전'이죠. 엄마가 소파에 앉아 쉬고 싶으면 얼마든지 그러세요. 단 내 궁전을 망가뜨리면 절대 안 돼요.

## 정리도 놀이처럼 할 수 있게 가르쳐 주세요

궁전에서 인형들이랑 이제 막 신 나게 놀려고 하는데, 엄마가 "이제 그만 다 치워!"라고 말했어요. 놀이에 푹 빠져 있을 땐 엄마가 뭐라고 말을 해도 못 들을 때가 많아요. 꼭 치워야 할 때라도 미리 얘기해 주면 좋겠어요. 그럴 땐 엄마가 "10분만 더 놀고 치우렴." 하고 부드럽게 알려주면 좋겠어요.

특히 궁전처럼 덩치가 큰 것들을 치워야 할 때는 그날 아침에 미리 알려주는 것도 좋아요. "오늘 저녁엔 치우자. 손님이 오셔서 청소를 해야 하거든." 이렇게 말해 주면 좋겠어요. 그러면 청소도 놀이처럼 재미있게 할 수 있을 테니까요. 엄마가 트럭을 치울 때 난 장난감 자동차를 정리하는 거예요. 먼저 정리하는 사람이 이기는 게임이거든요. 어때요, 재밌겠죠?

## 방해되지 않는 곳에 궁전을 만들게 해주세요

궁전은 소파 방석으로 만드는 게 최고지만, 다른 걸로 만들어보고 싶기도 해요. 작은 책상이나 담요 같은 걸로요. 그럼 엄마는 소파에서 편히 쉴 수 있고, 난 내 궁전을 오래도록 지킬 수 있을 거예요.

또 엄마한테 방해가 되지 않는 곳에 궁전을 만들게 해주세요. 하지만 엄마 아빠와 너무 멀리 떨어진 곳은 싫어요. 그리고 내가 다른 놀이를 찾을 때까지는 내 궁전을 그냥 내버려두게 해주면 좋겠어요.

엄마의 일거리를 좀 줄이고 싶다면 내게 장난감을 담을 수 있는 큰 상자나 바구니 같은 걸 주세요. 작은 동물 장난감은 노란 상자에 담고, 음식 모양 장난감은 빨간 상자에 담아서 노는 것도 재미있을 것 같아요.

그리고 잠자리에 들 시간에 갑자기 장난감을 정리하라는 말씀은 제발 하지 말아주세요. 하루 종일 노느라 너무 지쳐버렸거든요.

## 아이의 놀이를 진지하게 존중해 주세요

아이에게 놀이는 진지한 일상입니다. 그리고 아이는 놀면서 배운다는 것을 잊지 마세요. 아이의 놀이를 어른의 관점에서 대수롭지 않다며 무시한다면 아이에게는 큰 상처가 될 수 있습니다. 아이의 놀이를 이해하기 위해서는 먼저 아이와 눈높이를 맞춰 놀아주는 것이 필요합니다. 아이에게 중요한 것이라면 부모도 그것이 아이에게 어떤 의미가 있는지 먼저 이해하려는 자세가 필요하지요.

다섯번째 에피소드

 나도 특별히 더 좋아하는 게 있어요

난 트럭이 좋아요.
또 분홍색과 'ㄱ'을
아주 좋아하고요.

우와~

너무
좋아~

**엄마, 여기 좀 보세요!** 내가 제일 좋아하는 'ㄱ'자가 있어요. 그런데 엄마는 'ㄱ'자를 별로 안 좋아하나 봐요. 내가 너무 신이 나서 'ㄱ'을 가리킬 때마다 피곤한 목소리로 "그래, 엄마도 봤다."라고만 하니까요.

어머나, 세상에! 분홍색 신발이에요. 엄마, 좀 보세요. 예쁘죠? 나도 분홍색 신발을 갖고 싶어요. 꼭 사주세요. 아니요, 엄마. 파란색은 싫어요. 왜냐하면 난 분홍색이 제일 좋거든요. 그게 나한테 얼마나 중요한지 엄마는 잘 모르나 봐요. 엄마는 특별히 좋아하는 색이 없나요?

 ## 내 취향을 존중해 주세요

내가 아기였을 때는 엄마랑 내가 따로따로라는 생각을 한 번도 해본 적이 없었어요. 내가 무슨 음식을 먹고 무엇을 가지고 놀지 긴바지를 입을지 짧은바지를 입을지, 파란색 셔츠를 입을지 초록색 셔츠를 입을지, 딸기 방울로 머리를 묶을지 곰돌이 방울로 머리를 묶을지, 또 치마를 입어야 할지 바지를 입어야 할지 등등 나에 관한 모든 것을 엄마가 결정해 주었거든요.

하지만 이제 난 네 살이에요. 많은 것을 보고 듣고 배우고 있어요. 특별히 좋아하는 걸 갖게 된다는 것은 내가 내 주변의 것들을 이해하는 방법 중 하나랍니다. 보고 듣는 모든 걸 한꺼번에 가질 순 없잖아요. 그건 엄마도 늘 그렇게 말했었고요.

그러니까 내가 보고 들은 것들 가운데 뭐가 제일 좋은지 골라내서 그것들과 함께 시간을 보내고 싶은 거예요. 말하자면 내가 좋아하는 것들은 바로 내 일부이기도 하답니다. 그것들과 함께 있으면 난 편안하고 행복해져요.

### 육아솔루션 네 살짜리에게도 분명한 취향이 있답니다

이제 겨우 네 살이지만, 아이들도 제각기 다양한 취향을 발전시켜 가고 있습니다. 단순히 좋아하고 싫어하는 것을 구분하는 데서 발전해, 좀더 좋아하는 것과 좀더 싫어하는 것을 구분하게 되지요. 그리고 이러한 것들이 밑거름이 되어 아이들이 자라서 무언가를 선택할 수 있는 힘을 키우게 되는 거랍니다. 내 아이가 무엇을 좀더 좋아하고 또 무엇을 좀더 싫어하는지 주의 깊게 살펴보고 이를 인정해 주는 태도가 필요합니다.

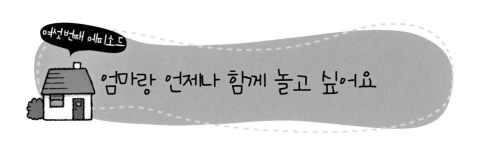

여섯번째 에피소드

# 엄마랑 언제나 함께 놀고 싶어요

엄마,
나랑 같이 놀아요,
네? 네?

아이 참,
할 일도 많은데……

엄마~
신데렐라 놀이?

엄마는 지금껏 나랑 둘이서 많은 시간을 함께 보냈어요. 내가 옷 입는 것도 도와주고, 밥 먹는 것도 도와주셨죠. 머리 빗는 것도 도와주고요. 우린 마트도 함께 갔어요. 그런데 어느 날부터인가 엄마는 할 일이 있다면서 나 혼자서 놀라고 하시는 거예요. 난 아직도 엄마랑 더 놀고 싶은데 말이죠.

엄마랑 같이 놀 땐 정말 행복해요. 그런데 엄만 이제 내가 혼자 놀기를 바라는 것 같아요. 엄마는 "와, 여기 장난감들 좀 봐. 맘에 드는 거 골라서 혼자 놀고 있으렴." 하고 말하고 다른 일을 하거든요.

하지만 아직 어떤 일들은 엄마 없이 나 혼자서는 할 수 없어요. 노는 것도 그래요. 동물 퍼즐 놀이도 엄마가 도와주어야 하고요, 인형에 옷을 입히는 것도 엄마가 도와주어야 할 수 있어요. 찰흙을 가지고 놀 때도 엄마가 필요해요. 엄마는 재미난 모양을 만드는 방법을 많이 알려주고 또 새로운 단어도 많이 알려주잖아요.

오늘 내가 진짜로 하고 싶은 건 엄마가 나랑 함께 소꿉놀이를 하는 거예요. 이제부터 나는 신데렐라 할게요. 엄마는 새엄마가 되는 거예요. 책 속에 나오는 새엄마는 아주 못됐지만 엄만 착한 새엄마예요. 어때요? 그럼 좋죠?

이런 놀이를 하다 보면 새로운 생각이나 무서운 생각에 대해 경험해 볼 수 있어요. 또 이런 놀이는 엄마랑 같이 해야 훨씬 재미있고 도움이 되는 것 같아요.

함께하는 놀이 시간을 정해 주세요

엄마가 놀아줄 때까지 나는 징징거리며 울거나 마구 떼를 쓸 거예요. 엄만 지금은 놀 수 없다고 해요. 그럼 언제 놀 수 있어요? 만일 매일 아침 식사 후에 엄마랑 놀 수 있다는 걸 안다면 이렇게 떼를 쓰면서 매달리지는 않을 거예요.

엄마, 제발 내가 원하는 걸 외면하지 말아주세요. 먼저 나랑 조금만 놀아주면 조금 후에는 나 혼자 놀 수 있을지도 몰라요. 그럼 엄마는 잠시 후에 원하는 일을 할 수도 있어요. 엄마가 나랑 20분 정도 같이 놀고 난 뒤에 방 청소를 하겠다고 말해 주세요. 알람시계를 맞춰놓고 놀아도 좋을 것 같아요.

 엄마와 내가 좋아하는 일을 함께 해요

엄마가 소꿉놀이를 그만 하고 싶을 때는 "난 이제 새엄마가 아니라 네 엄마로 돌아왔단다. 그리고 넌 내 딸 송이야."라고 말해 주세요. 그럼 더 이상 신데렐라 놀이는 안 해도 돼요. 내가 이 놀이를 제일 좋아하긴 하지만 엄마랑 같이 재밌게 놀 수 있는 다른 놀이도 많으니까요. 공원이나 놀이터에 나가서 공놀이를 할 수도 있고, 소파 위를 청소하거나 방 구석에 숨겨진 보물을 찾을 수도 있어요. 또는 함께 과자를 만들 수도 있잖아요. 엄마는 나랑 뭘 하고 싶으세요?

엄마가 전에 "여기에 이불을 깔고 인형 친구들 집을 만들어주면 어떨까?"라고 말했을 때 참 좋았어요. 하지만 엄마가 이렇게 말할 때는 아주 드물죠. 엄마는 대부분 "저리 가서 놀아. 엄만 지금 일해야 돼."라고 하니까요.

하지만 나 혼자서는 인형들하고 뭘 하면서 놀면 좋을지 생각이 나지 않을 때가 많아요. 엄마가 나랑 같이 놀아주지 못할 때라도 어떻게 놀면 좋을지 방법을 알려주면 좋겠어요. 또 나한테서 너무 멀리 떨어져 있지 마세요. 언제든 엄마의 도움이 필요할지도 모르거든요.

 ## 엄마는 아이에게 최고의 놀이 친구입니다

엄마는 아이에게 가장 큰 애착의 대상이며, 사회화에 누구보다 중요한 영향을 미칩니다. 이 시기 아이들은 엄마와의 놀이를 통해 정서 발달은 물론 인지 발달도 함께 이루어나갑니다. 사회성 발달도 물론이고요. 엄마와 함께 놀고 싶은 아이의 이러한 바람을 모른 체하지 마세요. 힘들더라도 아이와 함께 놀면서 시간을 보내주세요.

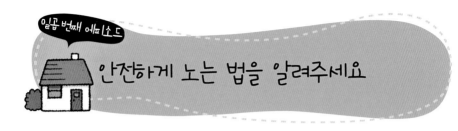

# 안전하게 노는 법을 알려주세요

난 호기심이 많아요.
새로운 걸 시도하는 걸
아주 좋아하죠.

난 슈퍼맨이다!

왜 저래?

왜 내가 장난감집 지붕 위에 올라갔을까요? 난 그냥 그 위에 뭐가 있는지 알고 싶었을 뿐이에요. 왜 내가 세발자전거를 타고 언덕 위에서 내려왔게요? 그건 그냥 내가 할 수 있는지 궁금해서랍니다. 또 그네에서 뛰어내린 건 그러면 어떻게 되나 알고 싶어서였어요.

새로운 걸 시도할 때의 기분은 정말 최고예요. 물론 때론 다치기도 하죠. 다치지 않고 하고픈 걸 맘껏 할 순 없을까요?

엄마가 나더러 뭔가를 하기 전에 먼저 생각을 해보라고 하셨잖아요. 그럼 다치는 일이 없을 거라면서요. 그런데 뭘 생각해야 하죠? 내 생각엔 재미있을 것 같거든요. 미끄럼틀을 거꾸로 올라갔다 타고 내려오면 재밌을 거 같지 않나요? 사실 내가 시도해 보는 것 대부분은 크게 위험하지 않아요. 아주 가끔씩만 다칠 뿐이죠.

엄마는 내가 얌전하게 있기를 바라죠? 하지만 그럴 수는 없어요. 그건 마치 아무것도 하지 않는 거랑 똑같거든요. 내가 하려는 것 중 어떤 일이 위험한지 또 아닌지를 내가 어떻게 알 수 있을까요?

## 안전하면서도 도전적인 일을 할 수 있게 도와주세요

어떤 날은 하루 종일 "안 돼!"라는 소리만 들어요. "올라가면 안 돼.", "뛰면 안 돼.", "던지면 안 돼." 나한테는 "그래."라는 말이 더 많이 필요한데 말이에요.

엄마, 올라가도 안전한 곳에 날 데려가 줄 수는 없나요? 다양하고 새로운 일들을 다치지 않고 안전하게 할 수 있는 체육 교실이나 수영 교실에 다니면 어떨까요? 그곳의 선생님들이 내가 다치지 않고 잘할 수 있도록 도와주실 테니까요.

난 매일매일 즐거움을 느끼고 또한 약간의 도전 속에서 살고 싶어요. 만약 집에서만 있어야 한다면, 내가 뛰어넘을 만한 안전한 장애물을 만들어주거나 작은 미끄럼틀을 집 안에 놓아주세요. 또 다치지 않고 높이 올라가는 방법도 가르쳐주세요.

저번에는 엄마랑 집에서 베이킹파우더에 식초를 섞는 실험을 해봤잖아요. 그랬더니 뽀글뽀글 거품이 일어났어요. 마치 마술 같았죠. 이런 실험을 엄마랑 하는 것도 진짜 재미있어요.

## 행동을 하기 전에 미리 생각하는 법을 알려주세요

나 같은 네 살짜리 아이들은 순간순간을 산다고 할 수 있어요. 좋은 생각이 떠오르면 바로 시도해 봐야 하지요. 그러니까 위험하다고 무작정 말리는 건 좋은 생각이 아니에요. 대신 어떤 활동을 할 때 꼭 지켜야 할 안전 규칙들을 알려주세요.

도와줄 어른이 있을 때만 높은 데 올라갈 수 있다거나, 세발자전거를 탈 때는 안전모자를 꼭 써야 한다는 것들 말이죠. "높은 곳에 올라갈 때 지켜야 하는 규칙이 뭐지?"라고 물어봐 주면 내가 규칙들을 기억하는 데 도움이 될 거예요. 가끔은 뭔가를 기억해 내는 데도 누군가의 도움이 필요하거든요.

내가 어떤 행동을 하기 전에 먼저 생각할 수 있게 도와주세요. 그리고 그것들을 안전하게 즐길 수 있도록 해주세요. 더불어 내가 있는 그곳에 함께 있어주세요. 그래야 어떤 순간에 어떤 결정을 하는 게 최선인지 알 수 있을 테니까요. 만약 내가 세발자전거를 타고 언덕을 내려가려고 하면 "세발자전거를 타고 언덕을 내려가는 게 과연 좋은 생각일까?" 하고 물어봐 주세요. "만약 그렇게 하면 어떤 일이 일어날까? 그거 말고 세발자전거로 할 수 있는 다른 재미있는 게 없는지 한번 생각해 보자."라고 말이죠.

이런 것들을 나 혼자 생각한다는 건 무척 어려운 일이에요. 하지만 엄마가 조금만 도와주면 곧 나 혼자서도 잘할 수 있게 될 거예요.

나는 새로운 뭔가를 자꾸 시도할 때마다 기분이 아주 좋아져요. 그래서 더욱 안전하게 노는 법을 배워야 한답니다.

### 육아솔루션 · 안전 규칙을 쉽게 지킬 수 있는 환경을 만들어주세요

네 살짜리 아이는 호기심이 풍부하고 하고 싶은 걸 곧바로 행동으로 옮기려 하기 때문에 자칫 위험한 상황에 노출될 수 있습니다. 그렇다고 아이의 다양한 시도를 막아버리는 것은 결코 좋은 해결 방법이 아닙니다. 평소에 아이가 꼭 지켜야 할 규칙들을 주지시켜 주고, 주변을 위험하지 않게 바꾸어주세요. 그리고 스스로 안전하게 놀 수 있는 방법을 터득하도록 해주세요. 더불어 아이를 지켜볼 수 있는 곳에 엄마가 있어 준다면 더욱 좋을 것입니다.

part 04

호기심

네 살짜리는 덩어리 랍니다

**엄마, 저 아저씬 왜 대머리예요?** 엄마는 왜 고추가 없어요? 별이는 할머니가 있는데 왜 나는 없어요? 죽는다는 건 뭐예요? 엄마, 난 궁금한 게 너무너무 많아요. 내가 매일 귀찮게 질문해도 열심히 대답해 줄 거죠? 난 지금 하루가 다르게 똑똑해져가고 있답니다.

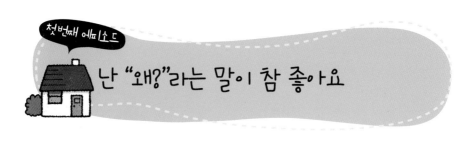

## 난 "왜?"라는 말이 참 좋아요

세 살 때 내가 제일 좋아한 말은
"싫어!"였어요. 하지만 지금은 '왜', '만약에',
'어떻게' 이런 말들이 더 좋아요.

왜?

어떻게?                    만약에?

아기였을 때는 단어를 많이 몰랐어요. 그래서 뭔가를 배우려면 직접 만지고 물고 봐야만 했죠. 하지만 지금은 그때보다 훨씬 많은 단어를 알아요. 그리고 볼 수 없는 것에 대해서도 생각할 수 있어요.

주변의 것들을 이해하기 위해 난 '왜'라는 단어를 많이 사용해요. 왜 소파에서 과자를 먹으면 안 되나요? 왜 새들은 벌레를 먹나요? 아기는 왜 만날 울기만 해요? 내가 네 살이라서 과자 네 개를 먹을 수 있는 거라면, 열두 살이 되면 과자 열두 개를 먹을 수 있는 건가요? 왜 낮에도 달이 보이나요? 왜 나만 자러 가야 해요? 엄마랑 아빠는 왜 일하러 가야 하나요?

또 가끔은 엄마의 관심을 끌기 위해서 그냥 별 뜻 없이 '왜'라는 말을 쓰기도 해요. 하지만 그런 때 말고, 내가 '왜'라고 물으면 하던 일을 멈추고 나와 얘기를 해주세요. 난 그게 정말 좋아요. 엄마한테 많은 것을 배우거든요. 하지만 어떤 때 엄마는 "그냥 엄마가 하라고 했으니까!" 하면서 화를 내요. 왜 화를 내는 건가요?

## 왜 그런지 이유를 말해 주세요

난 내 주위의 모든 것들이 너무 궁금해요. 멋지지 않나요? 엄마가 조금만 도와주면 난 많은 것을 배울 수 있어요. 우리가 왜 소파에서 과자를 먹으면 안 되는지 말해 주세요. 과자 부스러기들이 소파 틈으로 들어가고 자국을 남기기 때문이라고 하면 난 충분히 이해할 거예요. 이유를 알면 규칙을 기억하기가 훨씬 쉽거든요.

난 질문하는 게 좋아요. 엄마가 답을 몰라도 괜찮아요. 그럼 같이 도서관이나 서점에 가서 그것에 대한 책을 읽어 보면 되잖아요. 엄마, 아무리 바쁘더라도 나와 이야기할 시간을 내주면 안 될까요? 그러면 나는 엄마가 날 위해 지금 그 자리에 늘 있다는 걸 믿을 수 있으니까요.

내가 가장 좋아하는 건 엄마가 나와 함께 있고 또 나와 이야기를 나누는 거예요. 혹시 엄마가 지쳐 있을 때라면 낮잠 잘 때까지는 더이상 "왜?"라고 묻지 말라고 하면 돼요.

어떤 때는 내가 아는 것도 일부러 물어볼 때가 있어요. 내가 맞다는 걸 확인할 수 있어서 기분이 좋아지거든요. 또 엄마가 나한테 질문을 할 때도 기분이 좋아요. 그럼 난 스스로 생각하는 법을 배우게 되니까요. "얼음을 따뜻한 물에 넣으면 왜 금세 없어질까요?"

### "왜?"라고 묻는 걸 주저하지 않게 도와주세요

아빠가 뭔가를 고칠 때 난 궁금한 게 많아져요. 그래서 아빠 주위를 맴돌면서 이것저것 물어봐요. 아빠가 면도하러 욕실에 가면 난 또 쫓아가서 아빠 얼굴에 묻은 하얀 거품을 신기한 듯 바라보죠. 엄마가 볶음밥 만드는 걸 구경하는 것도 재미있어요.

엄마, 엄마가 하고 있는 일을 말해 주세요. 난 궁금한 건 못 참거든요. 내가 도울 수 있는 일이 있으면 더 좋겠어요. 그리고 아빠가 차 닦을 때 도와줄 수 있게 해주세요. 나도 자동차에 대해 잘 알고 있거든요. 자동차 책은 내가 가장 좋아하는 거예요.

난 알고 싶은 게 너무 많아요. 할 수 있는 일도 제법 많아졌어요. 엄마가 밀가루 반죽하는 걸 도와줄게요. 아빠의 면도 크림을 내 손에 뿌려주면 진짜 기분이 좋을 것 같아요. 난 호기심이 마구마구 넘쳐나서 새로운 걸 배우는 게 정말이지 즐겁거든요.

 **'왜'라는 질문을 통해 아이의 지성은 무럭무럭 자랍니다**

얼마 전까지만 해도 좋아하던 표현이 주로 "좋아!"나 "싫어!"였다면, 이제 아이는 어떤 행동이나 결과의 원인이 궁금해지는 단계로 접어들었습니다. 시도 때도 없이 "왜?"를 달고 다니며 엄마를 귀찮게 할지도 모릅니다. '왜'라는 질문을 한다는 것은 아이의 지성이 무럭무럭 성장하고 있음을 의미합니다. 귀찮다고 생각하지 말고 아이의 궁금증을 성심성의껏 해결해 주세요. 백과사전을 곁에 두고 아이와 함께 찾아보는 것도 좋은 방법이랍니다.

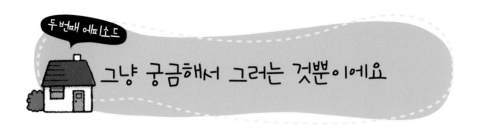

# 그냥 궁금해서 그러는 것뿐이에요

**주위를 둘러보면 신기한 게 정말 많아요.** 난 네 살이 잖아요. 아는 것도 많지만 생전 처음 보는 것도 많아요. 그래서 처음 봤거나 이상한 것들을 보면 궁금해져서 바로 질문을 하게 돼요. 엄마는 대부분 내 질문에 미소를 지으면서 잘 설명해 주세요.

바로 어제만 해도 엄만 왜 어떤 사람들은 안경을 끼는지, 할머니가 만들어준 오므라이스의 맛은 왜 엄마가 만든 거랑 다른지, 또 왜 어떤 아저씨들은 얼굴에 털이 나 있는지 차근차근 설명해 주셨어요.

그런데 어떤 날은 내가 질문을 하면 알 수 없는 묘한 표정을 지으면서 "쉿! 그런 말 하면 안 돼!"라고 하거나 "그런 말 하면 나쁜 거야."라고 하세요.

난 잘 모르겠어요. 난 나쁜 애가 아니라 그냥 알고 싶은 것뿐이거든요.

### 엄마 귀에 대고 조용히 물어볼게요

난 아직 어떤 질문들이 다른 사람들의 기분을 상하게 하는지 잘 모르겠어요. 이제부터는 질문을 할 때면 엄마 귀에 대고 살짝 속삭이듯 물어보는 게 나을 거 같아요. 귓속말하는 것도 정말 재미있거든요. 다른 사람에 대해 어떤 말을 하고 싶을 때마다 이제 엄마한테 귓속말로 할게요.

가끔은 내가 귓속말하는 걸 잊어버릴 때도 있을지 몰라요. "엄마, 저 아줌마 눈은 왜 그렇게 작아요?"라고 큰 소리로 물어서 엄마를 당황스럽게 할지도 모르겠어요. 그럴 때는 그렇게 말하면 상대방이 당황스러워할 수 있다고 말해 주세요. 그러면 내가 그 아줌마한테 사과를 할게요.

 ### 내 질문에 정성껏 대답해 주세요

난 주변의 모든 것에 대해 알고 싶어요. 궁금한 게 너무나 많거든 요. 그런데 엄마가 내 질문을 무시하고 대답해 주지 않으면 혼란스 러워질 수 있어요. 당장 대답을 해주기 힘들다면 나중에 말해 주겠 다고 약속해 주세요. 그리고 꼭 약속을 지켜야 해요. 엄마가 약속을 잘 지키면 나도 약속은 꼭 지켜야 한다는 걸 알게 되니까요.

### 육아솔루션 | 난처한 질문도 정성껏 대답해 주세요

너무도 당연한 이야기지만, 네 살짜리에게 완전한 분별력을 기대해서는 안 됩니다. 아이 입장에선 단지 궁금증을 해결하려는 시도가 때론 다른 사람에게 실례가 될 수도 있습니다. 이럴 때 단지 실례가 된 행동을 했다는 데만 초점을 맞춰 아이를 나무라기만 한다면 아이는 건전한 호기심을 발전시켜 나갈 수 없 답니다.

공공장소에서는 남에게 피해를 주지 않도록 작은 목소리로 귀에 대고 속삭 여 질문할 수 있게 알려주거나 답변을 보류하는 것도 좋은 방법이랍니다. 이 제 막 움트기 시작한 아이의 호기심의 싹을 자르지 않도록 배려해 주세요.

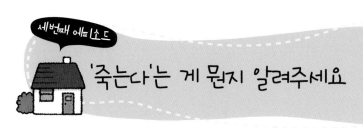

# '죽는다'는 게 뭔지 알려주세요

우리 나비가 왜 안 깨어나죠?
지난번처럼 나비랑 같이
놀고 싶은데……

일어나
나비야……

나비는 아주 친한 친구예요. 나비는요 내가 준 공을 가지고 노는 걸 좋아하고요, 머리를 만져주면 갸르릉거리는 소리를 내요. 근데 지금은 아무런 소리도 안 내요. 나비가 왜 이러는 거예요? 엄마, 뭐가 잘못되었나요? 엄마, 왜 울어요? 안 좋은 일이라도 생긴 거예요? 아니면 내가 뭐 잘못했나요?

##  죽는다는 게 뭔지 말해 주세요

나비가 죽었다고 하셨는데 그게 무슨 뜻이에요? 동물이 죽으면 몸 안의 모든 기능이 멈춰서 다시는 움직일 수 없다는 걸 말해 주세요. 나비는 이제 먹지도, 잠을 자지도, 숨을 쉬지도 않는 거죠? 왜냐하면 더 이상 살아 있는 게 아니니까요.

세상에 살아 있는 모든 것은 언젠가 모두 죽는다는 걸 알려주세요. 몸이 작은 벌레는 아주 짧은 기간 동안 살다가 죽고, 사람들은 더 오래 살다가 죽는다는 것도 가르쳐주세요.

난 가끔 인형들이 죽었다가 다시 살아나고 또 다시 죽었다가 살아나는 놀이를 해요. 엄마의 얘기를 들어보면 '죽음'이란 건 꽤 중요한 거 같아요. 정확히 뭔지는 잘 모르겠지만요. 만화에서는 사람들이 아주 심하게 찌그러졌다가도 금방 '짠!' 하고 살아나잖아요. 우리 나비도 다시 '짠!' 하고 일어나서 나랑 놀 수 있을까요?

엄마, 이 벌레도 죽은 건가요? 그럼 은서네 고양이는 언제 죽어요? 한동안 죽음에 대해 질문을 많이 할 것 같아요. 앞으로도 똑같은 질문을 하고 또 하더라도 인내심을 잃지 말아주세요. 난 죽음이란 걸 이해하기 위해 애쓰고 있는 중이거든요. 아니면 도서관에 가서 고양이의 죽음에 관한 그림책을 읽으면 어떨까요? 도움이 될지도 모르잖아요.

 ## 나비에게 작별 인사를 할 기회를 주세요

엄마, 나비가 보고 싶어요. 엄마도 그래요? 사랑하는 누군가가 죽으면 원래 이렇게 슬픈 건가요? 나비에게 작별 인사를 하고 함께한 수많은 추억들을 생각하면 기분이 좀 나아질 거라고 말해 주세요.

작별 카드 만드는 걸 도와주세요. 맨 앞에 나비 사진을 붙이고 안에는 나비가 좋아한 것들을 쓰면 어떨까요? 맨 마지막에는 "안녕!"이라고 쓸래요. 사랑하는 누군가와 작별한다는 건 나에게 너무 어려운 일이에요. 엄마 아빠는 언제까지나 내 옆에 있어줄 거죠?

 ### '죽음'과 관련된 주제라고 해서 무조건 피하지 마세요

삶과 죽음은 서로 뗄 수 없는 관계에 있습니다. 그러므로 죽음이라는 개념이 내포하는 의미를 아이가 받아들일 수 있는 수준에서 차근차근 이해시켜 나갈 필요가 있습니다. 아직은 죽음이라는 추상적 주제를 완전하게 이해하기는 힘들 거예요. 하지만 작별이나 슬픔, 애도에 대한 것을 아이가 조금이나마 느끼고 알아갈 수 있도록 도와주세요. 사람은 누구나 영원히 살 수는 없다는 것도요.

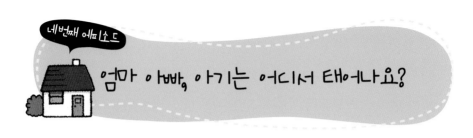

# 엄마 아빠, 아기는 어디서 태어나요?

엄마는 가슴이 큰데 아빤 왜 작아요?
아빠 고추는 내 고추랑 왜 달라요?
아기는 어디서 나오나요?

엇?

궁금~

나도 내가 남자아이란 걸 알아요. 어린이집에서 엄마랑 작별 인사를 할 때마다 "남자답게 씩씩하게 지내고 오렴." 하시잖아요. 내가 세 살 때부터 내 몸은 엄마나 옆집 친구인 미나하고는 다르다는 걸 알았어요. 난 아빠랑 닮은 점이 많아요. 우린 둘 다 고추가 있거든요. 남자라는 건 아마도 고추와 관계가 있나 봐요. 나랑 아빠가 똑같다면 난 왜 고추에 털이 없죠? 그리고 왜 내 고추는 아빠보다 작아요?

내 몸에 대해 궁금한 게 아주 많아요. 하지만 이런저런 질문을 하면 아빠는 아무 말도 안 하거나 이상한 표정을 지어요. 구름이나 별, 달에 대한 걸 물어볼 때는 친절하게 잘 대답해 주시잖아요.

내가 대답하기 곤란한 질문을 할 때는 그것들에 대한 책을 찾아서 읽어보자고 말해 주세요. 나는 내 자신과 나를 둘러싸고 있는 것들에 대해 궁금한 게 아주 많아요. 이런 것들을 내가 잘 이해할 수 있느냐 없느냐는 온전히 아빠 엄마한테 달려 있어요.

 ## 여자와 남자가 왜 다른지 대답해 주세요

이해하기에는 내가 너무 어리다고 하지 말아주세요. 난 여자와 남자가 다르다는 걸 알고 있지만, 그게 왜 다른지 알고 싶어요. 만약 엄마 아빠가 대답해 주지 않으면 궁금증을 풀기 위해 다른 방법을 찾거나, 아니면 엉뚱한 상상을 하고 그렇게 믿어버릴지도 몰라요.

엄마 아빠가 남자와 여자는 신체적으로 서로 다르고, 매우 특별한 부분을 갖고 태어났다는 사실을 설명해 주세요. 그렇게 설명해 주지 않으면 난 여자아이는 태어날 때 잘못해서 고추가 떨어져버린 거라고 내 마음대로 생각할지도 몰라요. 그러면 내 고추도 혹시 잘못해서 떨어지게 될까 봐 겁을 먹게 될 것 같아요. 그렇게 되면 난 여자아이로 살아가야 할지도 모른다는 엉뚱한 상상을 하게 되겠죠? 정답을 몰라도 괜찮아요. 함께 책을 찾아보면 되니까요.

전에 엄마랑 장보러 갔을 때, 아기는 어디서 나오냐고 물으니까 갑자기 조용한 목소리로 나중에 얘기해 주겠다고 하셨잖아요. 왜 그렇게 작은 목소리로 말하는 거예요? 왜 아직도 말해 주지 않아요? 혹시 무서운 이야기인가요? 엄마가 우리도 곧 아기 동생을 갖게 될 거라고 하셨잖아요. 근데 아기는 지금 어디에 있어요? 나도 자궁이라는 엄마의 특별한 몸 안에서 아기가 태어날 때까지 자란다는 걸 알 나이가 됐다고요. 자궁 속에 있는 아기 그림이 있는 그림책을 보면 내가 이해하는 데 도움이 될 것 같아요.

## 서로 몸을 관찰하기 위해 보고 있었을 뿐이에요

훈이랑 난 우리 몸에 대해 궁금한 게 아주 많아요. 훈이가 내 고추를 자기한테 보여주면 자기 것도 보여주겠다고 했어요. 그런데 엄만 왜 그렇게 당황하면서 화를 내세요? 우리가 서로의 몸을 관찰하는 게 싫으면 그냥 다시 옷을 입으라고 하면 되잖아요. 화내는 대신 "너희들 서로의 몸을 검사하는 의사 선생님 같구나. 와, 둘 다 고추가 있는 걸 보니 남자아이들이 틀림없네."라고 말하실 수도 있어요. 아니면 간식으로 우리의 관심을 다른 데로 돌릴 수도 있고요.

우리는 이제 아래쪽에 있는 특별한 부분이 몸에서 매우 은밀한 곳이라는 걸 알 때가 되었어요. 내가 내 은밀한 부분을 만지는 건 괜찮지만 다른 사람이 만지게 두면 안 된다는 것을 알려주세요.

하지만 이 소중한 부분을 엄마 아빠나 또는 의사 선생님들이 만져야 할 경우가 생길 수 있다는 것도 알려주세요. 그럴 경우에도 반드시 그 이유를 설명해 주셔야 하고요.

다른 사람이 거길 만져 보자고 하면 싫다고 말해야 한다는 걸 기억하게 도와주세요. 싫다고 한 다음엔 엄마나 다른 어른한테 가서 그런 일이 있었다고 말해야 한다는 것도 알려주세요. 그리고 다른 사람이 나의 은밀한 부분을 만져서도 안 되지만, 나도 다른 사람의 은밀한 부분을 함부로 만지면 안 된다는 것도 알려주셔야 해요.

 ## 성적 호기심은 자연스런 현상입니다

이제 네 살이 되면 아이들의 성적 호기심은 커지고 구체화됩니다. 남자와 여자의 차이에 대해 알게 되고, 아기가 어디서 나오는지에 대해서도 궁금증을 갖게 되지요. 이런 주제를 부모가 수치스럽고 난감하게 생각해 피하게 되면, 아이는 성에 대해 불건전한 개념을 갖게 될 수도 있습니다. 아이의 눈높이와 지적 수준에 맞춰 잘 이해시켜 주세요. 백과사전이나 인간의 몸에 관한 주제를 다룬 그림책을 활용해도 좋답니다.

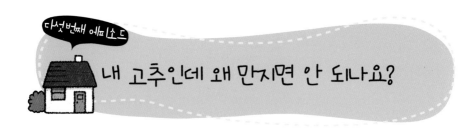

# 내 고추인데 왜 만지면 안 되나요?

당장 그만 해
그건 나쁜 짓이얌!

뭘 그만 하라고 하는 건가요? 난 그냥 텔레비전만 보고 있었는데요. 아하! 내 인형을 가랑이 사이에 끼워 문지르는 거 말씀 하시는 거예요? 근데 왜요? 그렇게 하면 기분이 좋아져요. 난 이제 큰 언니들처럼 팬티를 입는데 팬티를 입으면 그런 느낌이 자주 들어요. 텔레비전 볼 때나 잠을 자려고 누웠을 때 그렇게 하면 기분도 좋고 잠도 잘 오거든요.

## 다른 사람은 만질 수 없다는 것을 알려주세요

가랑이 사이에 있는 이 작고 볼록한 게 뭐죠? 거기 뭐가 닿으면 간 지럽기도 하고 기분도 좋아요. 남자 애들도 이런 게 있나요? 네 살 이 되면서부터는 내 몸에 대해 점점 더 많이 알아가고 있어요. 어떻게 생겼는지, 또 뭘 위해 있는 건지도요. 근육이랑, 피부랑, 팔딱팔 딱 뛰는 심장에 대해서는 이미 오래 전에 배웠어요.

이젠 이 볼록한 부분에 대해 알아가고 있는 중이랍니다. 이 재미있 는 부분의 이름이 음핵이라는 것과 남자와 여자 사이의 몇 가지 다 른 점 가운데 하나라는 걸 내게 가르쳐주세요. 남자애들에겐 음경이 있고 여자애들에겐 음핵과 질이라는 것이 있고, 또 이 부분들을 감 싸고 있는 다른 부분들이 있다는 걸 알려주세요.

이 부분들은 매우 중요하고 특별해서 다른 사람들은 절대 만져선 안 되고 오직 나 자신만 만질 수 있다고 말해 주세요. 또 이 부분을 만지면 기분이 좋아지는데, 이러한 행동은 다른 사람들 앞에서는 하면 안 된다는 것도 알려주세요. 만약 정말 만지고 싶어질 때는 방으로 가서 혼자 있을 때 하는 것이 좋다는 것도요.

 ## 아이의 성적 발달에 대한 이해가 필요하답니다

프로이트는 세 살부터 대여섯 살 정도까지를 '남근기'라고 불렀습니다. 즉 이 시기는 발달 단계에서 최초로 성에 대해 큰 관심을 갖게 되는 시기로서, 생식기가 자극을 받을 때 일어나는 신체의 변화와 쾌감에 흥미를 느끼게 됩니다. 무의식적으로 자위행위를 하고 있는 아이들을 크게 야단치거나 해서 놀라게 하지 마세요. 그로 인해 성에 대해 부정적인 개념을 갖게 될 수도 있답니다. 그림책 등을 활용해 우리 몸의 특별한 부분을 아이 눈높이에 맞춰 설명해주고, 그러한 행동을 다른 사람들 앞에서 하면 안 된다는 점을 알려주는 게 좋답니다.

# 지난 번엔 되고, 왜 이번엔 안 돼요?

엄마, 저기 동물 스티커
사주세요? 네? 네?
갖고 싶어요! 사주세요! 네?

아이 참!

잉~ 엄마
저거!

127

난 코끼리가 무지 좋아요. 그래서 코끼리가 그려진 물건을 보면 갖고 싶어져요. 난 코끼리 그림 셔츠도 있고, 코끼리 인형도 있어요. 그런데 코끼리 스티커는 없단 말예요. 엄마 제발요, 꼭 사주세요! 내가 얼마나 코끼리를 좋아하는지 잘 아시잖아요.

그런데 엄마는 어떤 날은 사주지만, 또 어떤 날은 절대 안 된다고 하세요. 그래서 엄마가 "안 돼!"라고 해도 그게 진짜 "안 돼!"는 아니란 걸 알아요. 내가 계속해서 졸라대면 아마 곧 "안 돼!"가 "그래, 사줄게."로 바뀔 거잖아요. 그러니까 엄마가 안 된다고 하면 더 조르고 떼를 쓸 거예요.

## 돈의 개념에 대해 알려주세요

마트에서 물건을 살 때 엄마는 카드라는 것도 쓰고 돈이란 걸 내기도 해요. 나한테도 카드를 주면 갖고 싶은 장난감을 마음껏 살 수 있을 텐데요.

엄마, 원하는 물건을 살 수 있는 돈이 어떻게 생기는지 말해 주세요. 우리 가족 중 누군가 매일 열심히 일한 대가로 돈을 받으면 우리 가족이 그걸로 원하는 물건을 살 수 있는 거라고요.

시장 놀이를 하면 물건을 산다는 걸 이해하는 데 도움이 될 거예요. 우선 내 인형들을 죽 진열해 놓은 다음, 스티커를 붙이는 거예요. 스티커 한 장을 천 원이라고 해봐요. 얼마 전에 산 새 장난감에는 스티커 두 개를 붙였어요. 그럼 이제 종이돈을 만들어서 물건을 사볼까요?

스티커가 두 장씩 붙어 있는 코끼리 인형과 곰 인형을 사려면 사천 원을 내야 하죠. 이런, 어떡하죠? 삼천 원밖에 없네요. 그렇다면 코끼리 인형과 곰 인형 중에 뭘 더 갖고 싶은지 결정해야 하겠죠?

그리고 엄마가 사용하는 각 동전의 이름을 알려주세요. 어느 것이 오십 원짜리인지, 백 원짜리고 오백 원짜리인지 말이에요.

가게에 갔을 때 산 물건이 얼마인지도 말해 주세요. 오이가 천 원이고 식빵은 삼천 원이란 것을요. 삼천 원이 천 원보다 더 많으니까 오이하고 식빵 중에 어떤 게 더 비싼지 생각해 볼 수 있거든요.

물건들을 모두 시장바구니에 넣고 나면 내가 돈을 낼 수 있게 해 주세요. 그런데 돈을 냈더니 계산을 하는 아줌마가 나한테 다시 돈을 주는 건 왜 그런 거예요?

### 내가 원하는 게 뭔지 귀기울여 주세요

내가 스티커를 사달라고 했을 때 엄마는 화난 목소리로 "도대체 넌 갖고 싶은 게 끝이 없구나."라고 하셨어요. 하지만 멋진 걸 보면 자연스레 갖고 싶어지는데, 물어보지 않으면 가질 수 있는 게 뭐고 안 되는 게 뭔지 어떻게 알 수 있겠어요?

엄만 어떤 때는 사주지만 또 어떤 때는 사주지 않아요. 내가 뭔가를 사달라고 했을 때 엄마가 "안 돼."라고 말하면 그게 진짜 안 되는 거였으면 좋겠어요. 그럼 난 안 되는 거라 생각하고 두 번 다시 졸라

대지 않을 거예요. 하지만 갖고 싶은 게 있다고 말할 때마다 엄마가 무서운 얼굴로 안 된다고 하거나 내 말을 무시하면 너무 슬플 것 같아요.

그럴 때 엄마가 "네가 코끼리를 무척 좋아한다는 건 엄마도 잘 알아. 이 스티커에는 코끼리 그림이 많구나. 오늘은 안 되지만 다른 날에는 살 수 있을지도 모르니까 이따가 집에 가서 갖고 싶은 목록을 만들어 볼까? 옆에 그림도 그려 넣고 말이야. 그때 이 코끼리 스티커는 목록 제일 처음에 적어놓으면 되겠구나."라고 말해 주면 좋겠어요. 그러면 나는 스티커를 사지 못했지만 엄마가 친절하게 설명해 주어서 그렇게 슬프지 않을 거예요.

 **단호해야 할 때는 단호한 모습을 보여주세요**

아기 때는 원하는 것을 모두 엄마나 아빠가 사주지만, 커갈수록 아이가 원한다고 해서 원하는 모든 것을 사줄 수는 없습니다. 네 살은 이러한 한계를 알아가는 과정이지요.

안 된다고 했는데도 떼쓰는 아이에게 지쳐 요구를 들어주는 일이 반복되면 잘못된 행동을 강화하게 된답니다. 절대 들어줄 수 없는 부분에 대해서는 부모의 단호한 태도가 필요합니다. 하지만, 들어줄 수 없는 경우라고 해도 아이가 무언가를 원하고 있는 부분 자체에 대해서는 충분히 공감해 주는 태도가 필요합니다.

# 엄마 아빠, 누구 말을 들어야 하나요?

아빠는 괜찮다고 하고,
엄마는 안 된다고 하고.
나는 누구 말을 들어야 하나요?

엄만 침대에서 절대 뛰면 안 된다고 하지만, 아빤 괜찮다고 해요. 하지만 마트에선 아빠는 과자를 사지 말라고 했는데, 엄마는 과자를 사줬어요.

엄마와 아빠가 다르게 말할 때는 난 무척 혼란스러워요. 누구 말을 따라야 하는 건지 진짜 모르겠어요. 규칙을 모르는데 어떻게 규칙을 지킬 수 있겠어요? 난 엄마 말도 잘 듣고 싶고 아빠 말도 잘 듣고 싶어요. 그러려면 엄마와 아빠의 의견이 일치해야 해요. 엄마 아빠 때문에 날 곤란하게 하지 말아주세요.

###  엄마와 아빠가 통일된 규칙을 정해 주세요

엄마 아빠가 서로 다른 규칙을 가지고 있으면 나 같은 네 살짜리는 그걸 일일이 기억하기 너무 어려워요. 그러니 엄마 아빠가 모두 동의하는 규칙을 정해서 알려주세요. 하지만 또 어떤 것들에 대해서는 엄마 아빠의 의견이 다를 수 있다는 것도 말해 주세요. 그리고 다른 의견도 존중해야 한다는 것도요.

엄마는 가끔씩 슈퍼마켓에서 과자를 사는 건 소소한 재미라고 생각하는 것 같아요. 그래서 나에게 과자를 사주는 거고요. 하지만 아빠는 과자가 몸에 안 좋다는 생각을 갖고 있어서 과자를 사줄 수 없는 거예요. 이렇게 서로의 생각이 다를 수도 있다는 걸 내가 이해할 수 있게 말해 주세요.

## 뽀뽀하고 서로 화해해 주세요

엄마 아빠를 화나게 해서 죄송해요. 그러니 제발 소리치며 싸우지 마세요. 엄마 아빠가 싸우면 겁이 나요. 그러니까 엄마 아빠가 가끔은 서로 다른 생각과 의견을 가질 수 있고 그것 때문에 다툴 수도 있다는 걸 알려주세요. 사람들은 서로 화를 낼 때도 있지만, 그럴 때도 여전히 서로를 사랑한다는 것도요.

지금 당장은 서로의 화를 가라앉히기 위해서 각자 혼자만의 시간이 필요하지만, 곧 이러한 상황을 잘 풀어갈 수 있을 거라고 믿어요. 엄마 아빠가 다투면 난 몹시 불안하고 슬프답니다. 아빠가 엄마한테 뽀뽀를 해주면 안 될까요? 그럼 나도 기분이 좀 나아질 것 같아요.

 ## 아이 앞에서 싸우는 모습을 보여주지 마세요

엄마와 아빠가 의견 차이가 날 수는 있지만, 아이에게는 큰 혼란을 줄 수 있습니다. 또한 상황에 따라 자기에게 유리한 쪽의 의견을 수렴하는 과정에서 아이의 부정적인 행동을 강화하게 되는 결과를 초래할 수도 있습니다. 적어도 육아철학에 관한 한 엄마와 아빠는 같은 곳을 바라봐야 합니다. 의견 차이가 나는 부분은 사전에 미리 조율하여 아이 앞에서는 서로의 의견을 존중하는 모습을 보여주세요. 당연히 아이 앞에서 언성을 높이는 행동은 피해야겠죠?

part 05
나 혼자서도 잘 해요

**내가 아기 때는** 엄마가 모든 걸 다 알아서 해주었지만, 이젠 나도 벌써 네 살이에요. 혼자서도 얼마든지 할 수 있는 게 많이 있어요. 하지만 엄마는 안 된다고만 할 거죠? 하지만 엄마, 나 같은 네 살짜리에게는 안 된다는 말보다 된다는 말을 더 많이 해주어야 해요. 막 움트기 시작한 나의 독립심을 꺾지 말아주세요.

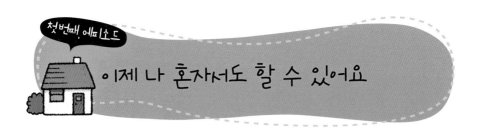

# 이제 나 혼자서도 할 수 있어요

엄마, 여기 보세요.
내가 해냈어요!

이야, 만세!

보세요, 엄마! 이 큰 미끄럼틀 꼭대기까지 나 혼자 올라왔어요. 와, 내려간다! 와우! 이거 진짜 재밌어요! 또 할래요. 엄마 저기 작은 애 좀 보세요. 쟨 너무 작아서 혼자선 미끄럼틀에 올라갈 수 없을 걸요. 하지만 난 이제 형아라서 미끄럼틀도 혼자 올라갈 수 있고 혼자 할 수 있는 것도 많아요.

이젠 옷 갈아입는 것도 진짜 잘해요. 내 칫솔에 치약 짜는 것도 잘하고요. 또 빵에 맛있는 잼을 펴 바를 수도 있어요. 나 혼자 할 수 있는 일이 있다는 건 참 기분 좋아요.

형들이 할 수 있는 일들을 나도 할 수 있다는 사실을 안다는 건 아주 중요해요. 어린이집에 가야 하거나 병원에 가야 할 때처럼 하기 힘든 일을 해야 할 때 도움이 되거든요.

## 열심히 자립심을 배워가는 중이에요

난 이제 제법 커서 혼자 양말을 신을 수 있어요. 안 돼요! 신겨주지 말라고요. 엄마는 내가 혼자 양말을 다 신을 때까지 그냥 지켜보고만 있으면 돼요. 그게 엄마한테 속이 터지고 무지 힘든 일이라는 거 잘 알아요.

뭔가를 혼자 하는 데는 시간이 많이 걸리고, 또 제대로 못하는 경우도 있어요. 엄마가 해주면 훨씬 빨리 끝난다는 것도 알아요. 하지만 내가 혼자 할 수 있는 기회를 주지 않으면 배울 수도 없어요. 그럼 아마 난 아직 어리니까 뭔가를 혼자 해보려는 노력 따윈 하지 않아도 된다고 생각할 거예요. 그렇게 되면 뭐든 엄마가 따라다니면서 해주어야 할 거예요.

엄마도 그런 걸 원하지는 않죠? 만약 엄마가 내가 스스로 뭔가를 할 수 있게 되기를 바란다면, 내가 노력하는 동안 인내심을 가지고 옆에서 날 지켜봐 주세요. 그리고 어떻게 해야 하는지 차근차근 알려주세요.

예를 들어 신발을 신을 때 가끔은 혼자서 신발을 신는 데 성공할 수도 있지만 실패할 때도 있어요. 혼자 겨우 신발을 신었는데, 가끔 엄마는 내가 양쪽을 바꿔 신었다고 해요. 어떤 신발이 어느 발을 위한 건지 내가 잘 기억할 수 있는 방법은 없나요? 또 바지의 앞과 뒤를 구별하는 법도 알려주세요.

이젠 나도 이런 것들을 알아야 할 나이인 것 같아요. 엄마의 도움 없이도 스스로 옷을 입어야 하거든요. 입기 좋게 큰 단추들이 전부 앞쪽에 달려 있으면 좋겠어요.

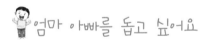
## 엄마 아빠를 돕고 싶어요

아빠, 이것 보세요! 내가 식탁에 숟가락 젓가락을 놓았어요! 아기들은 이런 거 절대 못 할 거예요. 하지만 난 잘할 수 있어요. 밥 먹기 전에 식탁을 닦는 것도 할 수 있어요 물론 의자에 올라가야 하지만요. 음식을 다 먹은 후에 빈 그릇을 싱크대에 갖다 놓을 수도 있을 것 같아요. 아직은 키가 작아서 안 될까요?

네 살이 되니까 정말 좋아요. 혼자 할 수 있는 일이 점점 많아지니까요! 하지만 그렇다고 너무 서두르진 마세요. 난 아직 배울 게 훨씬 훨씬 더 많답니다.

### 아이는 자립심을 키워가는 중입니다

엄마의 양육 태도에 따라 아이의 자립심을 쑥쑥 키워줄 수도 의존적인 아이를 만들 수도 있답니다. 스스로 뭔가를 시도해서 성공했을 때 느껴지는 기쁨을 알아가고 있는 아이에게 용기를 북돋아주세요.

현명한 부모는 들어갈 때와 나올 때를 알아야 합니다. 하지만 아직 완전한 독립을 기대하는 건 무리이므로 언제든 도움을 줄 수 있는 곳에서 아이를 기다리고 지켜봐 주세요..

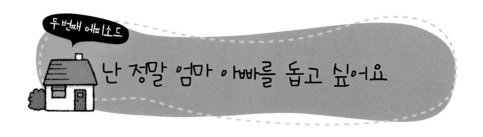

# 난 정말 엄마 아빠를 돕고 싶어요

날 좀 보세요. 자동차를 닦고 있어요.
네 살짜리가 모두 이런 일을 할 수 있나요?
물론 아니죠. 하지만 난 할 수 있어요.
때때로 어른들이 하는 일을 하면
정말 기분이 좋아요.

예전에도 엄마가 거울 닦는 걸 봤어요. 얼마 전까지만 해도 그런 일에는 전혀 관심조차 없었죠. 하지만 지금은 달라요. 엄마가 뭘 하는지도 알겠고, 나도 한번 해보고 싶어요.

거울에 물을 어떻게 뿌리는지 가르쳐주세요. 그리고 내가 쓸 만한 수건을 주면 나도 엄마처럼 닦을 수 있을 것 같아요. 정말 재밌어요! 이거 말고 또 도울 일은 없나요?

엄마는 청소할 때 굉장히 바쁜 사람처럼 보여요. 엄마, 내가 도와줄게요. 왜요? 왜 내 도움을 거절하세요? 먼지 터는 거 돕고 싶어요. 나도 잘할 수 있다고요. 그런데 엄만 늘 "책이나 보렴.", "엄마를 정말 도와주고 싶거든 네 방에 어질러진 장난감이나 치워."라고만 해요.

정말 모르겠어요? 난 엄마와 같이 하고 싶단 말예요. 나 혼자 방에 있는 장난감을 치우는 건 싫어요. 너무 많아서 어디서부터 뭘 어떻게 치워야 할지 모르겠다고요.

## 엄마를 도울 수 있어서 행복해요

나처럼 유능한 도우미를 쓸 기회를 놓치지 마세요. 난 기꺼이 봉사할 준비가 되어 있어요. 만약 지금 이런 내 도움을 거절하면 이 다음에 커서도 엄마를 도와드리지 않을 거예요. 그러니까 지금 내가 엄마를 도울 수 있게 허락해 주세요. 엄마 옆에서 잘 도와드릴 수 있다고요.

일이 다 끝났을 때 엄마가 "와, 거울이 새것처럼 반짝반짝 빛나는

구나!", "빨래 너는 거 도와줘서 고마워."라고 해주면 난 정말 기쁠 거예요. 나도 가족의 한 사람으로서 뭔가를 해냈다는 느낌도 들고, 무엇보다 사랑하는 엄마를 도와드릴 수 있어서 아주 뿌듯하고 행복할 것 같아요.

## 엄마랑 함께 하는 게 훨씬 더 좋아요

장난감으로 어질러진 방을 정리해야 할 땐 "엄마랑 같이 방 정리할까?" 하고 슬쩍 물어봐 주세요. 누가 먼저 정리하나 내기하는 것도 재밌겠죠?

방이 다 정리되고 나면 "우리가 한 것 좀 보렴. 우린 역시 환상의 콤비야."라고 말해 주는 것도 잊지 마세요. 보세요! 엄마랑 함께 하니까 혼자 할 때보다 훨씬 빨리 정리할 수 있잖아요.

### 유아솔루션 작은 성취감부터 느끼게 해주세요

아이가 해낼 수 있는 작은 집안일을 돕게 함으로써 성취감을 느끼게 할 수 있어요. 물론 책임감도 길러줄 수 있답니다. 기꺼이 엄마를 도와줄 마음의 준비가 된 아이의 기특한 성의를 모른 체하지 마세요. 어린 시절부터 엄마를 도운 아이가 자라서도 자발적으로 돕는다는 것을 기억하세요. 아이에게 기회를 주고 용기를 북돋아주기 바랍니다.

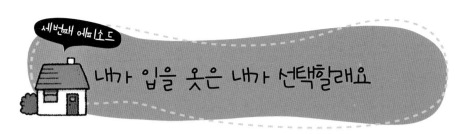

세번째 에피소드

# 내가 입을 옷은 내가 선택할래요

난 노란색 잠옷이 제일 좋아요.
빨간색 잠옷은 싫어요.
노란색이 좋단 말예요!

얘가
왜 이래?

싫어~ 저거!

143

난 밤이면 내 담요에서 사랑스러운 뿡뿡이 인형이
랑 누워 있는 게 참 좋아요. 내 담요는 만질 때마다 과자처
럼 바삭바삭 소리가 나요. 이 담요를 덮고 뿡뿡이와 함께 누우면 정
말 아늑하고 편안해요.

그런데 빨간색 잠옷을 입은 날은 그런 좋은 느낌이 하나도 안 나
요. 잠옷이 살에 닿을 때마다 자꾸 뭔가가 기어가는 것 같고 따갑기
도 하다니까요. 정말 싫어요. 그러니까 내가 제일 좋아하는 노란색
잠옷만 입을래요.

내가 아기였을 때 엄만 나 대신 무얼 입고 무얼 먹을지 결정해 주
었어요. 하지만 지금 난 아기가 아니랍니다. 벌써 네 살이고 다 컸단
말예요. 무얼 입을지를 결정하는 건 나한테 매우 중요해요. 나의 개
성을 보여주는 것이기도 하니까요. 난 이제 원하는 걸 얻기 위해 고
집을 부릴 줄도 알아요. 그게 옷이라면 더 그렇답니다.

### 남들의 시선보다 중요한 건 내 느낌이에요

엄마가 왜 내게 빨간색 잠옷을 입으라고 하는지 알아요. 나한테
꼭 맞는 크기인 데다 비싸게 주고 산 거니까요. 하지만 아무리 비싼
옷이라고 하더라도 입었을 때 불편하면 절대 입고 싶지 않아요. 엄마
는 그런 옷 없나요? 엄마 옷장에도 한 번 입고 안 입은 그런 옷들이
있잖아요.

매일 같은 잠옷을 입고 잘 수 없다면 내가 좋아하는 노란색 잠옷

과 똑같은 걸 여러 벌 사주세요. 그것만 입을래요. 입기 전에 몇 번 빨면 입을 때 새것 같지 않고 이제까지 입었던 것처럼 편안한 느낌이 들 거예요.

옷을 입었을 때 느껴지는 여러 가지 다른 느낌을 뭐라고 다양하게 표현하는지 알려주면 좋겠어요. 그럼 나도 무작정 안 입는다고 떼쓰면서 옷을 집어던지지는 않을 거예요. 대신 입었을 때의 불편한 느낌을 엄마한테 말로 이야기할게요.

## 내가 입을 옷은 내가 선택하게 해주세요

낮이냐 밤이냐에 따라 내가 어떤 옷을 입었으면 좋겠다는 엄마만의 생각이 있는 거 다 알아요. 하지만 나도 나만의 생각이 있답니다. 내 생각도 존중해 주세요.

옷 때문에 엄마랑 싸우기 싫어요. 싸우면서 시간을 낭비하기엔 놀아야 할 것도 많고, 읽고 싶은 그림책도 많단 말예요. 그냥 몇 가지 선택할 수 있는 기회를 주면 안 되나요? 엄마가 세 개를 골라 놓으면 내가 그중 하나를 선택할게요.

내가 비록 주황색 셔츠에 어울리지 않는 하늘색 조끼를 입겠다고 해도 말리지 말아주세요. 요즘 난 밝은 색에 대한 실험을 몇 가지 하고 있는데, 바로 이 두 색이 굉장히 맘에 들더라고요. 어쨌든 그 옷을 입어야 하는 사람은 나지 엄마가 아니잖아요.

또 겨울철엔 여름옷을 아예 내가 볼 수 없는 곳에 치워두면 좋겠어요. 그러면 추운 겨울 날, 밖에 나가면서 반팔 티셔츠를 입겠다고 조르는 일은 없을 테니까요. 엄마가 나한테 여름옷이 있다고 말해 주지 않는 한 난 여름옷 같은 건 기억도 못할 거예요.

### 작은 선택이 쌓여 큰 선택을 할 수 있는 밑거름이 됩니다

인생은 선택의 연속입니다. 잘못된 선택이 모이면 되돌릴 수 없는 불행한 결과를 초래할 수도 있답니다. 매사에 모든 걸 엄마가 알아서 처리해 주다가 어느 날 갑자기 스스로 올바른 선택을 할 수 있을까요? 아주 작은 것부터 스스로 선택할 수 있는 기회를 마련해 주세요.

또 경우에 따라 아이가 고집한 선택에 문제가 있을 수 있습니다. 이럴 때 그 문제가 아이가 감당할 수 있는 수준의 작은 문제라면 아이의 뜻대로 선택하게 하는 것도 좋답니다. 작은 시련은 오히려 아이가 앞으로 좀 더 현명한 선택을 하는 데 교훈이 될 수 있으니까요.

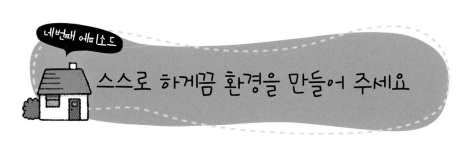

# 스스로 하게끔 환경을 만들어 주세요

네번째 에피소드

"뭘 할까?", "뭘 입을까?
이런 것들을 자기 맘대로 하나도
할 수 없다면, 엄만 기분이
어떨 것 같아요?

부루퉁~

내 취향
아니에요.

자, 입으렴!

난 좋아하는 것도 많고 하고 싶은 것도 많아요. 그래서 내가 빨간 원피스를 입고 놀이터에 가자고 했을 때 엄마가 안된다고 하면 짜증이 나요. 이상하게 네 살이 되고부터는 걸핏하면 짜증을 내게 돼요.

혼자 셔츠를 입으려다 팔과 머리가 나오는 구멍을 찾지 못해 그만 옷 속에 갇혀버렸을 때나, 주스를 컵에 담으려고 하다가 바닥에 쏟았을 때도 짜증이 났어요.

언젠가는 퍼즐 놀이를 하는데 아무리 해도 조각이 맞지 않아서 너무 짜증이 났죠. 그래서 나도 모르게 퍼즐 조각을 방 여기저기에 마구 집어던진 적도 있어요. 모든 게 좀 더 쉬우면 좋겠어요. 모든 일이 내가 원하는 대로 되면 좋겠다는 생각이 들어요.

## 스스로 선택하고 스스로 할 수 있게 도와주세요

어떤 것들은 내가 선택할 수 있게 해주세요. "이제 그만 욕조에서 나와라."라고 말하는 대신 "지금 욕조에서 나올래, 아니면 5분 있다가 나올래?"라고 선택의 여지를 주면 좋겠어요. 그럼 내가 지금 나갈지 아니면 좀 더 있다가 나갈지를 생각할 거예요. '목욕은 충분히 했으니 이젠 그만 나가야겠다.'라는 생각이 들 수도 있고요.

그리고 난 이제 더 이상 아기가 아니에요. 어떤 일들은 나 혼자 해야 할 필요가 있어요. 머리를 어디로 넣어야 셔츠를 제대로 입을 수 있는지 알려주세요. 내가 흘리지 않고 컵에 따를 수 있을 만큼의 주스를 따로 담아주세요. 그럼 내가 직접 가져올 수 있잖아요.

이런 일쯤은 스스로 해야 자신감이 생기고 독립심도 키워져요. 또 책임감이란 게 뭔지도 알게 될 거예요. 그러니까 나 혼자 할 수 있는 것들을 엄마가 대신 해주는 건 이제 그만두세요.

또 한 가지 꼭 부탁하고 싶은 게 있는데요, 엄마 아빠가 지금보다 조금 더 인내심을 가져주세요. 난 열심히 배우고 있는 중이고 또 뭔가를 배우려면 시간이 좀 걸리잖아요. 날 좀 보세요. 혼자서 신발 끈을 맸어요!

## 불안하고 짜증스러운 게 어떤 건지 말해 주세요

동물퍼즐 놀이를 할 때마다 짜증이 나요. 지금 내 나이에 하기에는 어려운 놀이인가 봐요. 당분간 다른 곳에 치워 놓는 게 좋겠어요. 엄마도 내가 기분 좋고 행복할 때가 좋잖아요.

그렇다고 내 짜증에 일일이 걱정하실 필요는 없어요. 짜증스러운 일을 경험하지 않고서 어떻게 새로운 것을 배울 수가 있겠어요? 신발 끈 매는 건 참 어려웠지만 난 시도하고 또 시도했어요. 짜증이 날 때는 전에 엄마가 음료수병 뚜껑을 열지 못했을 때를 생각했어요. 뚜껑이 너무 꽉 닫혀서 짜증난다고 하셨죠. 그러면서 또 이렇게 말했어요. 무엇을 하다가 짜증이 나면 그냥 그 일을 그만둘 수도 있다고요.

하지만 그렇게 쉽게 포기하기보다 숨 한 번 크게 들이마신 다음 다시 한 번 시도해 보는 게 더 낫다고도 하셨어요. 그래도 안 되면 다른 방법을 찾아보면 된다고요. 그래서 신발 끈 매는 걸 계속 실패했을 때 크게 숨을 들이쉰 다음 다시 해봤더니 글쎄 되는 거 있죠!

## 육아솔루션 긍정적인 경험을 자주 할 수 있도록 도와주세요

네 살짜리 아이들은 의욕에 차 있지만, 아직 미성숙하다 보니 때론 의욕만큼 행동이 따라주지 않을 때가 많습니다. 그럴 때면 심한 짜증을 느끼며 울음보를 터뜨리기도 하지요. 물론 작은 좌절 경험이 앞으로의 문제해결 능력을 키워가는 데 도움이 될 수도 있지만, 아이가 긍정적인 경험을 자주 하는 것은 아이의 성취욕과 자존감을 키우는 데도 매우 중요합니다.

아이가 성취할 수 있는 일을 자주 경험할 수 있도록 환경을 만들어주세요. 아이의 능력 수준을 지나치게 넘어서는 과제나 상황에는 처하지 않도록 배려해 주기 바랍니다.

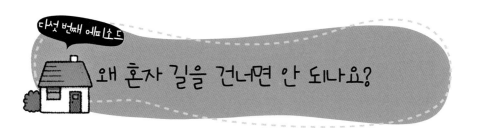

# 왜 혼자 길을 건너면 안 되나요?

난요, 더 이상 아기가 아니에요.
벌써 네 살이라고요.

번쩍—

나 혼자 할 수 있는 일이 많아요. 옷도 혼자 입고요, 이도 혼자 닦고요. 물도 냉장고에서 혼자 꺼내 먹을 수 있어요.

그런데 친구 집에 갈 때 왜 엄마랑 항상 같이 가야만 하나요? 또 내가 혼자 길을 건너려고 하면 왜 그렇게 화를 내는 거예요? 나도 길 건너기 전에 양쪽 길을 다 살필 줄 안단 말예요. 그런데 엄마가 왜 그렇게 화를 내는지 정말 궁금해요.

## 왜 그래야 하는지 더 많은 설명이 필요해요

아무 설명 없이 "길을 혼자 건너면 안 돼!"라고만 하는 건 호기심 많은 내겐 충분한 경고가 되지 못한답니다. 그 이유도 함께 알려주세요. 자동차 운전자들에겐 키가 작은 아이들이 잘 보이지 않고, 혹 발견했다고 해도 제때에 차를 멈추기가 쉽지 않다는 걸 말해 주세요. 차에 부딪히면 지금까지 다쳤던 그 어느 때보다 훨씬 더 많이 아플 거라는 것도요.

차를 길 한쪽에 세워두고 엄마랑 같이 운전석에 앉아보는 것도 좋겠어요. 엄마, 저기 친구 은비랑 은비 엄마가 지나가요. 여기선 은비 엄마는 보이는데 은비는 잘 안 보여요. 이렇게 운전석에 앉아서 직접 경험해 보는 것도 좋은 방법인 것 같아요.

엄마는 나를 무척 사랑하기 때문에 나한테 어떤 나쁜 일도 일어나지 않기를 바란다고 말해 주세요. 그래서 엄마가 나한테 안전에 관한 규칙들을 알려주는 거고요. 또 이러한 규칙들은 아이들뿐만 아니라 어른들도 꼭 지켜야 한다는 것도 알려주세요.

　엄마도 차에 타면 꼭 안전벨트를 맨다는 것과 걸어갈 때는 인도로 걸어가고, 자전거를 탈 때는 안전모자를 쓰는 등의 규칙을 지킨다는 걸 보여주고 알려주세요. 어른과 함께 길을 건너는 건 내 자신을 안전하게 지키기 위한 한 가지 방법이라는 걸 가르쳐주세요.

## 수많은 반복과 엄마의 인내심이 필요합니다

　혼자 해보고자 하는 아이의 의욕은 높이 사야 하지만, 그렇다고 아이의 안전을 위협할 수도 있는 상황을 방관할 수는 없습니다. 아이의 자발성을 독려해 주되, 자신과 타인의 안전을 해할 수도 있는 다양한 상황들에 대한 정보를 아이에게 주지시켜 주세요.

　아이가 알고 있는 정보는 아직 미약한 수준입니다. 아이가 스스로 판단하고 행동하기까지는 아직 수많은 정보가 더 필요합니다. 이를 아이가 완전히 깨달아 자기 것으로 소화할 때까지 인내심을 가지고 지속적으로 반복해 주기 바랍니다.

part 06

알아서하기엔
  야직 시간이
필요해요

**아침에 정신없이 서두르는 건 너무 힘들어요.** 혼자 자다 깨서 다시 잠드는 것도 나한텐 아직 어렵답니다. 앗, 나도 모르게 자다가 이불에 실수를 하고 말았어요. 죄송해요, 엄마. 야단치지 말아주세요. 난 어른이 아니잖아요. 엄마가 인내심을 갖고 배려해 주면 점점 좋아질 거예요.

첫번째 에피소드

# 혼자 잠자는 건 너무 힘들어요

엄마 나 물 한 잔 주세요.
화장실 가고 싶어요.
그리고 아빠한테 뽀뽀를
아직 안했어요.

이제 그만 자야지!

뻐뽀 뻐뽀

아기 침대에만 누워 있었을 땐 잠자는 게 참 쉬웠어요. 담요 한끝을 꼭 쥐고 침대 한쪽에서 웅크리고 자곤 했거든요. 아주 작기는 했지만, 난 그 침대가 참 편했어요. 지금은 내 나이에 맞는 조금 더 큰 침대를 쓰고 있어요.

내 잠자리 시간은 늘 이 닦기, 머리 빗기, 화장실 다녀오기라는 세 가지 중요한 일로 시작돼요. 그런 다음 잠옷을 입고 동화책 두 권을 읽어요. 엄마는 잘 자라면서 뽀뽀 네 번을(그건 내가 네 살이라 그렇대요) 해주고 내 방을 나가는 것으로 끝이 나죠.

하지만 문제는 바로 지금부터예요. 엄마는 내가 혼자 잘 자기를 바라지만 그게 생각만큼 쉽지가 않답니다. 내 반쪽은 자고 싶은데 또 다른 반쪽은 엄마랑 있고 싶다고 하는 거예요. 그러다 보니 자꾸 엄마를 부를 일을 찾게 돼요.

엄마, 물 좀 가져다 주세요. 어? 내 곰 인형이 없어졌어요. 찾는 거 도와주세요. 창문 밖에서 이상한 소리가 들려요. 엄마 무서워요.

## 큰 방에서 혼자 잠들긴 너무 힘들어요

나를 당장 잠자게 만들 순 없을 거예요. 그렇지만 잠자리를 벗어나지 않게는 할 수 있어요. 이렇게 큰 방에서도 혼자 잘 수 있다는 걸 배우는 중이거든요. 그건 아기 침대에서 자는 것과는 전혀 차원이 다른 것 같아요. 새로운 곳에 적응하기란 참 어려운 일이잖아요.

잠자리에 누워 늘 꼭 껴안고 자는 동물 친구들을 엄마랑 함께 찾아보면 어떨까요? 아니면 머리맡에 놓아둘 물 한 잔을 준비하거나, 잠자리에서 나를 괴롭히는 나쁜 괴물이 있는지 방 구석구석을 살펴보는 것도 좋을 거 같아요. 엄마, 내가 준비가 될 때까지 조금만 참아주세요.

잠자리에 들기 전 이런저런 걸 달라거나 요구하는 게 사실 진짜 필요해서가 아니란 걸 이제 눈치 채셨나요? 맞아요. 나한테 진짜 필요한 건 바로 엄마예요. "자, 엄마랑 동화책 읽기 전에 우리 왕자님한테 필요한 게 또 있나요?"라고 물어봐 주세요.

엄마가 나갔다가 5분 후에 다시 올 테니 침대에 얌전히 누워 있으라고 말해 주세요. 그렇게 해주면 엄마가 곧 다시 올 거라는 생각 때문에 편안한 마음으로 누워 있을 수 있거든요.

5분 후에 엄마가 다시 왔을 때도 내가 여전히 깨어 있거든 내 이마에 가볍게 뽀뽀해 준 다음 엄마가 5분 있다 다시 와주기를 바라는지 물어봐 주세요. 그럼 난 필요할 땐 언제든 달려올 수 있는 아주 가까운 곳에 엄마가 있다는 생각에 마음이 편안해지거든요.

##  엄마가 화내면 잠을 잘 수 없어요

내가 얌전히 잘 자기를 바라는 엄마의 마음, 나도 잘 알아요. 하지만 이 순간 엄마가 무슨 텔레비전 프로그램을 보는지 너무너무 궁금한 걸 어떡해요. 정말 죄송해요. 그래도 얼른 자라고 화내면서 소리를 지르진 않을 거죠? 그러면 정말 무섭답니다. 잠이 들기는커녕 오히려 잠이 확 달아나면서, 진짜 잠들기가 어려워진다고요.

조용하고 차분한 목소리로 지금은 내가 침대에 누워 있어야 할 시간이란 걸 말해 주세요. 그 다음 내 손을 잡고 함께 침대로 가주세요. 이불을 덮어주면서 "엄마가 5분 후에 와서 봐줄게. 약속할게."라고 말해 주세요.

 ## 아이의 무서움을 이해해 주세요

엄마 품속에서만 평생을 보낼 것 같던 아이가 어느덧 친구도 사귀려 하고 이것저것 혼자 해보려는 독립심 강한 모습을 보일 것입니다. 그렇다고 해서 벌써 어른이 된 것은 아니에요. 아직은 무서운 것도 많고 깜깜한 어둠이 두려운 네 살짜리 꼬마일 뿐이니까요. 아이 혼자 잠들기가 어려운 이유도 그래서랍니다.

잠자리와 더불어 이런 아이들의 마음을 깊이 공감해 주세요. 어떤 어려움이나 위험에 처하게 되더라도 언제든 엄마나 아빠가 당장 달려와 준다는 믿음을 아이가 가질 수 있도록 배려해 주세요.

두 번째 에피소드

# 바쁜 아침은 감당하기 힘들어요

엄마는 "좋은 아침!"이라고 말하며
기분 좋게 깨우는 날도 있지만
어떤 날은 "자, 이젠 일어날 시간이다!"
라고 하면서 이불을 확 걷어버려요.
부르르~ 엄마, 나 추워요!

**엄마, 아침엔 왜 그렇게 서둘러야만 하죠?** 난 행복하게 눈뜬 후 여유롭게 세수하고 옷도 갈아입고 싶어요. 또 잠깐이라도 곰돌이랑 놀 수 있으면 좋겠어요.

그런데 엄마는 8시 반까진 나가야 늦지 않는다며 빨리 하라고 재촉하기만 해요. 8시 반이라는 게 뭔가요? 늦는다는 건 또 뭐죠? 엄만 매일 아침마다 꼭 화난 사람처럼 보여요.

엄마는 나보고 굼벵이라고 부르면서 소리치는데, 난 굼벵이가 아니에요. 그저 네 살짜리 아이가 할 수 있는 정상적인 속도로 움직이는 것뿐이랍니다. 단추를 모두 제 구멍에 끼우고 양말도 제대로 신으려고 노력하고 있어요. 밥도 꼭꼭 씹어 먹고 물도 마셔야 해요. 엄만 씹지 않고 빨리 먹을 수 있지만, 난 그렇게 못하거든요. 아침은 내가 할 일이 너무 많은 것 같아요.

 ## 엄마가 소리를 지르면 내 기분도 엉망이 돼요

난 아침에 잠에서 깨면 먼저 이불 속에서 곰돌이를 꼭 껴안고 아침 인사를 해야 해요. 그 다음 손발을 쭉 뻗어 기지개도 켜야 하고요.

잠에서 깰 때 엄마가 미소 띤 얼굴로 지켜봐 주면 안 될까요? 그럼 아침 인사를 하고 난 후 같이 이불을 정리하고 기분 좋게 하루를 시작할 수 있으니까요.

아침에 시간을 좀 넉넉히 주면 좋겠어요. 엄마도 밥을 꼭꼭 천천히 먹을 수 있는 시간을 좀 갖고요. 어때요, 좋은 생각이죠?

## 매일 아침 해야 할 일을 순서대로 정해 주세요

어떤 날은 일어나자마자 옷부터 갈아입고 어떤 날은 아침 먹고 나서 갈아입어요. 어제 아침에는 엄마가 텔레비전을 봐도 된다고 했는데 오늘은 안 된다고 했어요. 매일 아침마다 엄마 마음대로면 곤란해요. 그럼 다음에 뭘 해야 할지 혼란스럽거든요. 매일 아침 일과의 순서가 같았으면 좋겠어요.

매일 아침 해야 할 일의 순서를 정해서 알려주세요. 예를 들면, 아침에 눈을 뜨면 제일 먼저 엄마랑 사랑의 포옹을 한 다음 옷을 갈아입고 아침을 먹어요. 그러고 나서는 세수하고 이를 닦은 다음 어린이집 차를 타러 가는 거예요. 하나하나 손가락을 꼽아가며 말해 주면 더 좋고요.

처음 몇 번은 이 순서를 기억하는 데 엄마의 도움이 필요할 거예요. 하지만 얼마 안 가 오히려 내가 엄마한테 다음 할 일을 알려주게 될 걸요!

내가 잠깐 다른 장난감에 한눈을 팔아도 소리치지 말아주세요. 엄마가 소리치면 그 순간 뭘 해야 할지 완전히 잊어버리고 말거든요. 대신에 "그래, 잘했구나. 옷도 혼자 잘 입고 밥도 혼자 잘 먹네."라고 말해 주세요.

휴일처럼 빨리 서두를 필요가 없는 날엔, 오늘은 아침에 늑장부려도 좋은 날이니까 조금쯤 순서를 바꿔서 해도 된다고 얘기해 주세요. 조금의 자유도 좋을 것 같아요.

## 다음 날 할 일을 전날 저녁에 미리 준비해요

무엇을 입을지, 무엇을 먹을지, 무슨 장난감을 가지고 외출할지 아침에 모든 걸 결정하려면 너무 바쁘고 정신없어서 엄마도 큰 소리를 내게 되는 것 같아요. 전날 저녁에 내일 입을 옷을 정해서 미리 꺼내두고 잘 보이는 데 두면 좋겠어요. 잠자리 들기 전에 어린이집 가방도 미리 챙겨서 준비해 두면 아침이 훨씬 즐거울 거예요.

엄마도 입고 나갈 옷이랑 다른 필요한 것들을 전날 미리 준비해두면 어때요? 아침에 엄마가 열쇠나 지갑을 찾아 헤매며 이 방 저 방 바쁘게 왔다갔다하면 내 일에 집중을 잘할 수가 없거든요.

 **미리 계획하고 준비하면 금세 익숙해집니다**

안 그래도 전쟁터를 방불케 하는 바쁜 아침, 아이와 씨름까지 하다 보면 매일 아침 녹초가 되기 일쑤입니다. 앞서도 언급했지만, 아이들은 빠른 상황 전환에 서툴답니다. 그러므로 전쟁터 같은 아침 시간에 어른들처럼 알아서 시간 맞춰 척척 일어나 세수하고 밥 먹고 양치질하고 옷 갈아입기를 기대하는 건 사실 무리한 요구이지요.

소리치지 않고 조금이라도 편안한 아침 시간을 보내고 싶다면 먼저 아이가 쉽게 따라올 수 있을 만한 환경을 만드는 한편, 힘들지만 미리미리 준비하는 엄마가 되어야 한답니다.

# 난 이제 더이상 낮잠은 필요없어요

엄만 내가 낮잠을 좀 더 오래 자면
좋겠죠? 저녁엔 일찍 잠들면 좋겠고요.
그래야 엄마도 좀 쉴 수 있을 테니까요.
엄마 코~

엄마
자장자장~

드르렁~

엄마, 나 좀 보세요! 혼자 우유를 컵에 부었어요. 빵에 잼도 바를 수 있어요. 이제는 아기들이 흉내조차 낼 수 없는 많은 일들을 혼자 할 수 있어요.

난 조금씩 변하고 있어요. 잠자는 습관도 변하고 있고요. 아기였을 땐 거의 하루 종일 자야 했어요. 두 살 땐 낮잠을 자지 않고는 나머지 하루를 버틸 힘이 없었죠. 하지만 네 살이 된 지금은 더 이상 낮잠을 안 자도 거뜬해요. 어른들처럼 저녁에 자는 잠만으로도 충분하답니다.

이젠 더 이상 낮잠 시간이 되어도 졸리지 않아요. 만약 낮잠을 자면 저녁에 잠이 잘 오지 않을 것 같아요. 내가 보기엔 나보다 엄마에게 잠이 더 필요한 것 같아요. 내가 어른이 되면 그때 다시 낮잠을 자게 될지도 모르죠.

## 낮잠 시간을 엄마와 나만의 휴식 시간으로 만들어요

엄마가 날 침대에 눕힐 수는 있지만 강제로 재울 수는 없어요. 늘 똑같이 낮잠을 재우려고 하지 마세요. 물론 낮잠이 필요한 날도 있을 거예요. 하지만 어떤 날은 잠을 충분히 잤으니까 낮잠은 안 자도 된다고 말해 주세요.

이젠 네 살이니까 낮잠 시간 대신 약간의 휴식 시간이 필요하다는 것도 알려주세요. 휴식 시간에는 편안한 자세로 내가 좋아하는 이야기책을 읽어주어도 좋아요. 엄마랑 함께 조용한 음악을 듣거나 재미있는 옛날이야기 CD를 듣는 것도 괜찮아요.

그러다 잠이 오면 그때 잘게요. 이럴 때 한 시간 이상은 자게 하지 마세요. 휴식 시간은 한 시간 정도면 충분하거든요. 알람시계를 맞췄다가 알람이 울리면 휴식 시간이 끝났다는 걸 서로 아는 것도 좋은 방법 같아요.

휴식 시간은 나뿐 아니라 엄마한테도 매우 중요하잖아요. 엄마도 피곤하면 심술꾸러기가 된다는 거 혹시 아세요?

 ## 엄마와 함께 하는 휴식 시간을 만들어보세요

밤에 자고 낮에 깨어 있도록 수면 리듬이 정상화되면서 아이는 더 이상 아기 때처럼 잠을 자지 않습니다. 아이의 그날 활동 상태에 따라 낮잠이 필요한 경우도 있어요. 하지만, 활동력이 넘치고 호기심 왕성한 네 살짜리에게 하던 걸 중단하고 매일 낮잠을 자라고 강요하는 건 아이를 위해서도 좋은 방법이 아니랍니다.

낮잠을 재우려고 하지 말고 차라리 엄마와 아이가 함께 편하게 휴식할 수 있는 시간을 만들어보세요. 단 아이가 뭔가에 깊이 몰입하고 있는 순간에는 몰입을 깨가면서까지 휴식을 강요하지 않는 것이 좋답니다.

# 어떻게 자면서 '쉬'가 마려운 걸 알죠?

낮에는 나도 다 큰 형들처럼 팬티를 입어요.
이젠 나도 화장실 변기를 사용하거든요.
그런데 밤에는 여전히 기저귀를 차요.
밤 동안엔 아직 아기인가 봐요.

쳇!
기저귀라니……..

167

액션가면 팬티는 근사해요. 기저귀처럼 크지도 않고 울퉁불퉁하지도 않아요. 언젠가 액션가면 팬티를 입고 잠든 적이 있어요. 엄마는 이제 난 큰 아이라 기저귀는 필요하지 않다고 하셨죠.

하지만 다음 날 일어나 보니 그만 이불에 실수를 했지 뭐예요. "쉬가 마려우면 일어나서 화장실에 갔어야지."라고 하셨을 때 엄마는 약간 화가 난 것처럼 보였어요. 죄송해요. 하지만 절대로 일부러 그런 건 아니에요. '쉬'가 나오는 줄도 몰랐다고요. 자면서 어떻게 쉬가 마려운지 알 수 있겠어요?

## 느긋한 마음으로 지켜봐 주세요

내가 밤에 '쉬'를 가리는 게 엄마한테는 매우 중요한 일인가 봐요. '쉬'를 잘 가리면 엄마는 펄쩍 뛰며 기뻐하다가도 실수를 해서 이불을 적시면 화를 내니까요. 나도 엄마를 행복하게 해주고 싶지만, 아직 밤에 잠을 잘 때는 그게 잘 안 돼요.

엄마의 도움이 필요해요. 내가 '쉬'를 가릴 때나 못 가릴 때나 엄마가 너무 과장되게 흥분하면서 좋아하거나 화를 내며 막 소리지르지 않으면 좋겠어요. 엄마의 그런 반응은 내가 '쉬'를 가리는 데 전혀 도움이 되지 않거든요. 그럼 어쩐지 더 긴장되는 것 같아요. 좀 편안하게, 느긋한 마음으로 지켜봐 주면 지금보다 훨씬 더 잘할 수 있을 거예요.

## 조금만 기다려 주면 곧 잘해낼 거예요

나도 잠자리에서 실수하긴 싫어요. 그런데 왜 마음대로 안 되는지 모르겠어요. 아직은 밤새 '쉬'를 참아낼 수 없나 봐요. 기저귀보다는 액션가면 팬티를 입고 잠들고 싶지만, 그래도 이불을 적셔서 자다 깨는 것보다는 기저귀가 나아요.

'쉬'를 하지 않게끔 엄마가 몇 가지 좋은 습관을 알려주면 좋겠어요. 밤에 음료를 마시지 않으면 실수하지 않을 수도 있을 거예요. 그리고 화장실은 잠자기 30분 전에 한 번 갔다 오고, 잠자기 바로 전에 다시 한 번 가면 좋다는 것도 말해 주세요.

얼마나 오랫동안 훈련해야 하는지는 모르겠지만, 나도 빨리 끝나면 좋겠어요. 엄마도 그렇죠?

 ## 강압적인 배변 훈련은 아이를 불안하게 합니다

아이가 기저귀를 뗐다고 해도, 그날 너무 심하게 놀아서 피곤했다거나, 혹은 자기 전에 물이나 주스 또는 수분이 많은 과일 등을 먹었을 때는 무의식중에 이불에 '쉬'를 할 수도 있습니다. 어른도 축축하고 습한 이불 위에 앉아 있기는 힘들 것입니다. 누구보다 속상하고 불쾌한 기분을 느끼고 있을 아이를 나무라기보다는 너그럽게 공감해 주세요. 그리고 밤에 실수하지 않도록 취침 전 화장실에 가게 한다거나, 수분 섭취를 제한하는 등 잠자리에 들기 전에 좀 더 신경써 준다면 점점 좋아질 것입니다.

# 나도 왜 팬티에 실수를 하는지 몰라요

어린이 집에서
왜 옷에 오줌을 쌌는지
잘 모르겠어요.

휴~

엇

부르르~

쉬?

170

어린이집에 가기 전에는 아기 변기를 사용했어요.

어린이집에 다니면서부터 난 팬티를 입어요. 그런데 가끔 실수를 해요. 속옷을 적시는 경험은 너무 끔찍하답니다. 선생님한테 말하기 부끄럽고 싫지만 말해야 해요. 그러면 선생님이 다른 옷으로 갈아입을 수 있게 도와주시거든요.

옷을 갈아입는 동안 선생님은 약간 슬픈 표정을 지으세요. 엄마에게 말하면 엄만 화난 얼굴이 되고요. 죄송해요, 엄마! 일부러 그런 건 아니에요. 어쩌다 그렇게 됐는지 나도 잘 모르겠어요.

 엉망이 돼버린 기분을 편안하게 해주세요

엄마, 왜 그랬냐고 묻지 마세요. 어떻게 된 건지 나도 잘 모르거든요. 그런데 엄마가 그렇게 물어보면 겁이 난답니다. 소리를 지르는 것도 무섭고, 오늘은 나랑 놀지 않을 거란 말도 싫어요. 야단치지 않아도 내 기분은 충분히 엉망이거든요. 엄만 내가 일부러 그랬다고 생각할지 모르지만 절대로 아니에요.

엄마가 엉망이 된 내 기분을 좀 편안하게 해줄 순 없나요? "오, 이런. 실수를 했네. 네 기분이 엉망이겠구나."라고 말해 주면 참 좋겠어요. 그럼 내 기분이 좀 나아질지도 몰라요. 엄마가 괜찮다고, 그럴 수도 있다고 날 꼭 안아주면 더욱 좋고요.

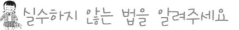

## 실수하지 않는 법을 알려주세요

어린이집에는 재미있는 게 많아요. 문제가 있다면 모든 게 다 너무 새롭다는 거죠. 교실, 하루 일과, 선생님, 게다가 화장실까지도요. 이런 새로운 것들에 정신이 팔려 몸이 미처 신호를 감지하지 못해 실수를 하는 건 아닐까요? 아님 선생님한테 화장실에 가고 싶다고 말하기가 왠지 쑥스럽고 불편해서일 수도 있고요. 변기가 집이랑 달라서 어떻게 사용하는지를 몰라서일 수도 있죠.

엄마, 누구든 실수할 수 있다고 말해 주세요. 어린이집 화장실에 같이 가서 집에 있는 거랑 어떻게 다른지, 또 어떻게 사용하는지 직접 보여주고, 엄마가 있는 데서 한 번 사용해 보게 하는 것도 좋을 것 같아요. 그리고 이 모든 것에 차츰 익숙해질 거라는 말도 해주세요. 선생님에게 화장실 가고 싶다고 말하는 걸 창피해하지 말라는 것도요.

 **실수한 아이의 마음을 먼저 어루만져 주세요**

네 살짜리 아이가 옷에 실례를 했을 때는 무엇보다 수치심을 느끼지 않도록 배려해 주는 마음이 필요합니다. 간혹 아이들은 뭔가에 깊이 몰입하고 있을 때도 화장실 가는 걸 잊어버린답니다. 또는 동생이 생겨서 모든 관심이 동생에게 쏠렸을 때 퇴행 현상의 하나로 나타나기도 하고요. 급작스러운 환경의 변화 또한 아이에게 영향을 미칠 수도 있습니다. 아이의 마음을 잘 어루만져 주세요. 어차피 순리에 따라 자연스럽게 해결될 일입니다. 엄마의 조급한 마음이 아이의 마음에 상처를 줄 수 있다는 점을 잊지 마세요.

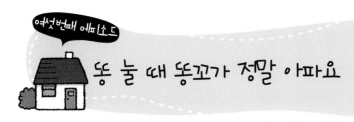

# 똥 눌 때 똥꼬가 정말 아파요

오줌 누는 건 쉬워요. 오줌은 쉽게 나오거든요.
하지만 똥은 정말 그렇지 않아요.
힘을 주면 엉덩이도 똥꼬도 아파요.

173

기저귀를 했을 때는 똥 누는 게 지금보다 훨씬 쉬웠어요. 그렇게 아프지 않았거든요. 마려우면 똥이 그냥 나왔어요. 엄만 지금도 그때처럼 저절로 나오게 하면 된다고 하지만 그게 말처럼 쉽지 않아요. 엄마는 변기에다 똥누는 게 하나도 안 아플지 모르지만, 난 많이 아파요. 다른 아이들은 다 잘 누는데 나는 왜 그러냐고요? 다른 애는 다른 애고 나는 나인 걸요!

그리고 똥을 오래 참았다가 누면 크고 딱딱해요. 의사 선생님은 내가 아기였을 때처럼 변을 볼 수 있는 방법을 알지도 몰라요. 물이나 주스를 많이 마시고 채소와 과일을 먹으면 도움이 될 거라고 하시면 그렇게 할게요. 대신 왜 그런 것들을 먹어야 하는지 그 이유도 함께 알려주세요. 이건 내 몸에 관한 것이니까 나도 알 권리가 있다고요.

## 기저귀를 잠깐 사용하게 해주세요

어떤 때는 똥이 마려운 느낌이 와요. 하지만 변기에 앉기만 하면 언제 그랬냐는 듯이 사라져요. 엄마는 힘을 주라고 하지만 잘 안 돼요. 똥이 진짜 마려울 때가 언젠지, 또 어떻게 똥을 내 몸에서 내보낼지 모르겠어요. 엄마가 말한 것처럼 그렇게 간단하지 않다고요. 나도 팬티에 실수하긴 싫어요.

똥이 마렵다는 느낌이 오면 그때만 잠깐 다시 기저귀를 차는 건 어떨까요? 그러면 혹시 힘을 주지 않아도 아기였을 때처럼 자연스럽게

쑥 나올지도 모르잖아요? 기저귀를 차면 마음이 좀 편안해지거든요. 기저귀에 일을 보고 나면 빨리 씻어주세요. 느낌이 별로 좋지 않으니까요. 그런 다음 다시 팬티를 입혀주세요.

이러한 과정은 어른들처럼 대변을 보기 위해 나 같은 아이들이라면 누구나 거쳐가는 과정이라고 말해 주세요. 곧 좋아질 거라는 말도 함께요.

## 배변 활동, 인내심을 가지고 기다려 주세요

배변 문제는 엄마들이 난감해하는 것 가운데 하나예요. 아이들 대부분 배변 활동을 완전히 조절하지 못해 실수를 많이 하는데 크게 걱정하실 필요는 없답니다.

기저귀를 뗀 지 얼마 되지 않은 아이들은 변기에 앉아 볼일을 보는 행위 자체가 낯설고 힘들 수 있습니다. 그래서 아이가 배변 실수를 했을 때 엄마가 화를 내거나 벌을 주는 것은 권장할 만한 방법이 아닙니다. 강압적인 배변 훈련은 자라서 결벽증 등의 부정적인 영향을 미칠 수 있어요. 인내심을 가지고 아이를 배려하며 믿고 기다려 주세요.

# 밤에 자다 깨면 엄마가 필요해요

옛날엔 엄마랑 같이 잤어요.
그런데 왜 지금은 나 혼자 자야 해요?
엄마랑 같이 자고 싶어요!

엄마아!
같이 잘래…….

음…… 난 아직 잠이 안 와요. 엄마 침대에서 엄마랑 함께 자고 싶어요. 어떤 날 밤엔 무서운 꿈을 꾸다가 깜짝 놀라서 일어나요. 그럴 땐 엄마가 날 꼭 끌어안고서 편안하게 해주면 좋을 텐데요. 하지만 이렇게 혼자 자다가 깨고 나면 다시 어떻게 잠을 자야 할지 모르겠어요.

아기였을 땐 언제고 자다가 깨어나면 엄마가 다시 날 안아서 토닥이며 재워주었어요. 엄마랑 꼬옥 끌어안고 누워 있으면 잠이 솔솔 오거든요.

엄만 내가 자다가 깨더라도 혼자 다시 잠들 수 있기를 바라지만, 혼자서는 다시 잠들 자신 없어요. 내 몸이 엄마의 숨소리와 냄새와 온기를 아직 생생하게 기억하는데, 그런 거 없이 어떻게 다시 잠들라고 해요?

 ## 엄마 없이도 다시 잠들 수 있는 방법을 알려주세요

이젠 엄마가 더 이상 나랑 함께 자지 않을 거라는 것, 그래서 한동안은 혼자 잠을 자는 게 쉽지 않을 거라는 걸 설명해 주세요.

그렇지만 여전히 자기 전에 책을 읽어 주면서 내 등을 토닥거려 주실 거죠? 그런 다음 뽀뽀 네 번과 사랑의 포옹도 해준 다음 나가실 거고요. 내가 잘 있는지 5분 있다 꼭 다시 보러 오세요. 어둠 속에 혼자 남겨지는 건 정말 무서워요. 어떻게 하면 다시 편안하게 잘 수 있을지 물어봐 주세요. 곰돌이를 끌어안으면 도움이 될지도 모르죠.

아님, 자장가를 듣는 건 어떨까요?

엄마랑 같이 누워 있으면 기분이 정말 좋아요. 그래서 엄마한테 계속 같이 있어 달라고 마구 졸라댈지도 몰라요. 또 엄마가 내 방을 떠날 때면 울고불고 하면서 소리를 지를지도 모르고요. 변화에는 늘 어려움이 따르는 법이니까요.

정말로 이젠 나 혼자 잠들기를 원한다면 우리가 정한 규칙을 지켜 주셔야 해요. 내가 마구 소리 지르고 울고 난 다음에야 엄마가 다시 내 곁에 온다면, 나는 엄마가 옆에 없다고 우는 버릇을 고칠 수 없을 거예요. 왜냐하면 우는 것이 엄마를 내게 오도록 하는 방법이라고 생각할 테니까요.

그러니 내가 혹시 엄마가 어떻게 하나 보려고 일부러 그럴 때도, 엄마는 지금은 내가 자야 할 시간이고 또 나 혼자서 자야 한다는 것을 알려주세요.

아직은 엄마의 도움이 많이 필요해요. 그러니 소리지르거나 윽박 지르지 말아주세요. 엄마가 차근차근 설명해 준다면 아기 때의 나쁜 습관을 벗어버릴 수 있을 거예요. '이젠 이렇게 혼자 자야 하는가 보다.'라고 깨달아야 빨리 배우려고 노력할 테니까요.

### 강요하지 말고 스스로 할 수 있게 용기를 주세요

혼자 잠자는 법을 알게 되면 한밤중에 잠이 깨더라도 나 혼자서도 충분히 다시 잠들 수 있을 거예요. 필요하다면 내가 엄마 방에 가도 된다고 말해 주세요. 엄마 침대 옆에 작은 담요를 깔아주는 건 어떨까요? 그럼 필요할 때 엄마 옆에서 잘 수 있잖아요.

아무리 내가 혼자 잘 수 있게 되었다고 해도 밤은 여전히 무서워요. 그러니 내가 엄마와 너무 떨어진 곳에서 자지 않으면 좋겠어요. 아직 많이 미숙해 보이지만 난 어른이 되기 위해 열심히 노력하고 있어요. 하지만 어려울 때가 많답니다. 그래서 엄마의 도움이 정말 필요해요.

## 육아솔루션 엄마가 늘 곁에서 지켜줄 거라는 믿음을 주세요

혼자 잠들기 무서워하거나 밤에 자다가 깨서 다시 잠들지 못해 엄마를 찾는 경우라면 '네가 필요할 때 엄만 항상 네 곁에 있어줄 거야.'라는 확신을 아이가 느낄 수 있게 해줘야 합니다. 또 아이가 도저히 엄마와 떨어지지 않으려 한다면, 굳이 아이를 방에 혼자 떼어놓기보다 옆에 재우는 것이 좋답니다.

절대 엄마에게서 떨어지지 않는 의존적인 아이로 자라면 어쩌나 걱정되신다고요? 아이들은 엄마 생각보다 훨씬 빠르게 독립적인 존재로 성장합니다. 어느 날 문득 오히려 엄마 쪽에서 자다 깨 엄마를 찾던 귀여운 꼬마를 그리워하게 될지도 모른답니다.

part 07

아직은 무서운 게
너무 많아요

**엄마, 내 방엔 괴물이 살아요!** 거짓말이라고요? 아니에요. 내 눈으로 똑똑히 본 걸요? 엄마는 왜 자꾸 날 거짓말쟁이라고 해요? 아이 무서워! 괴물이 날 잡아먹으러 올 거예요. 그러니까 엄마가 날 지켜주셔야 해요.

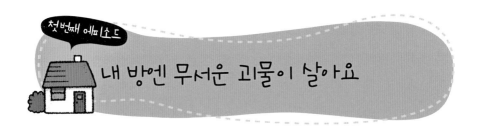

# 내 방엔 무서운 괴물이 살아요

엄마, 진짜예요!
그 녀석이 내 방에 있어요.
날 잡아가려고 한단 말예요.

182

엄마, 내 침대에서 못 자겠어요. 내 방에 사는 괴물들이 이상한 소리를 내요. 나 같은 애들을 잡아먹기도 한대요. 제발 나한테 무서워할 거 없다고 말하지 말아주세요. 난 진짜로 봤어요. 엄마도 봤다면 굉장히 무서워했을 걸요.

큰 덩치에 머리도 손도 엄청 커요. 그 큰 손을 뻗어서 날 막 잡으려고 했단 말예요. 평소엔 주로 어딘가에 꼭꼭 숨어 있어서 자주 보이지는 않아요. 엄마가 있을 땐 나타나지 않을지도 몰라요. 하지만 분명히 거기에 있다고요!

괴물과 싸우기에 난 아직 너무 어려요. 그러니까 엄마 아빠가 날 꼭 지켜주세요. 나한테 "아빠가 여기 있으니 아무 걱정 마."라고 말해주세요. 그러고는 꼭 안아주세요. 엄마 아빠 품속에서는 늘 안전하니까요.

## 괴물들을 없애는 방법을 알려주세요

괴물들에 대해서 나랑 같이 얘기해 봐요. 괴물들이 왜 내 방으로 오는 걸까요? 괴물들은 뭘 무서워하죠? 괴물들을 그려 볼게요. 그럼 엄마 아빠도 괴물들이 어떻게 생겼는지 알 수 있을 거예요.

우리 모두 머리를 맞대고 괴물을 물리칠 방법을 연구해 봐요. 나한테 늑대 인형들이 있는데 그것들을 내 옆에 두고 자면 괴물들이 나타나지 못할지도 몰라요. 원래 늑대들이 용감하잖아요. 아니면 괴물들이 접근하지 못하도록 요술 분무기를 만들면 어떨까요? 도서관에 가면 괴물을 물리친 아이들에 관한 그림책들을 찾을 수 있을지도 몰라요.

괴물들은 어두워지면 내 방에 나타나요. 그래서 난 어두운 게 싫어요. 이상한 것들이 보이고, 이상한 소리도 들려요. 제발 어두울 땐 나랑 함께 있어주세요.

엄마, 손전등 갖고 자도 되나요? 괴물들이 밝은 빛을 싫어할 것 같거든요.

## 육아솔루션 | 아이는 상상과 현실을 명확히 구분하지 못합니다

방에 귀신이나 괴물이 있다고 우기는 아이가 거짓말쟁이라고 생각되나요? 물론 방안에 아무것도 없는 게 확실하다고 해도 아이는 절대 거짓말을 하고 있는 게 아니랍니다. 그러니 아무리 괴물이 없다고 설득해 봤자 아이는 받아들이지 못할 거예요. 아이는 아직 현실과 상상을 완전히 분별할 능력이 발달되지 않았거든요. 차라리 아이의 방안에 있는 괴물을 같이 무찔러 줄 수 있는 상상력 풍부한 멋진 엄마가 되어주세요. 부모가 아이의 눈높이에 맞추어 주는 것이 배려 깊은 사랑이고 해답이랍니다.

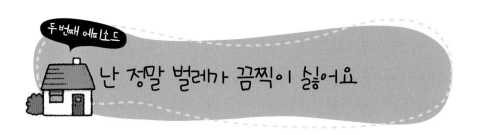

실어요! 밖에 안 나갈래요.
거긴 벌레들이 우글거린단 말예요.
무서워 죽겠다고요!

쭈뼛~

쭈뼛

스멀~

스멀

벌레들은 미끄럼틀에도 있고 걸어다니는 길에도 있어요. 놀이터 안에도 있고요. 난 벌레들이 무서워요. 벌레들이 있는 곳엔 절대로 가지 않을 거예요. 엄마, 내가 벌레보다 몸이 훨씬 큰데 바보처럼 굴지 말라는 말은 제발 하지 마세요. 벌레가 나를 공격할 것만 같단 말예요.

전에 어린이집에서 캠핑 갔을 때 모기한테 물렸잖아요. 팔이 빨갛게 부어올랐고 또 얼마나 간지러웠다고요. 엄마도 벌레를 싫어하잖아요. 그래서 벌레가 나오면 꾹 눌러 죽여버리는 거 아닌가요?

내가 무서워하는 건 벌레뿐이 아니에요. 세상엔 무서운 게 정말 많아요. 아기 때는 벌레들이 물 수 있다는 걸 몰랐어요. 또 악어가 사람들을 잡아먹을 수 있다는 것도 몰랐답니다.

그리고 만약에 물에 빠지면 어떻게 숨을 쉬죠? 갑자기 큰 개가 나한테 뛰어와서 꽉 물어버리면 어떡해요?

## 내가 느끼는 두려움을 인정해 주세요

난 겁이 많은 아이랍니다. 겁이 많은 게 나쁜 건가요? 엄마가 날 바보나 겁쟁이라고 부르면 두려움만 더욱 커질 뿐이에요. 세상의 모든 나쁜 것들로부터 스스로를 보호하기엔 난 아직 너무 어리답니다. 엄마 아빠가 나쁜 것들로부터 나를 보호해줄 거죠? 엄마 아빠가 도와주지 않는다면 대체 누가 날 도와주겠어요?

때론 겁에 질려 꼼짝할 수 없을 때가 있어요. 엄마 아빠, 도와주세요. 수영을 배울 때 "얘야, 머리를 물에 담그는 게 무섭다는 걸 잘 안단다."라고 말해 주면서 어떻게 머리를 물속에 넣는지 직접 보여주면 훨씬 기분이 나아질 거예요.

엄마 아빠가 처음에 어떻게 수영을 배웠는지 말해 주는 것도 많은 도움이 될 테고요. 그러고 나서 나도 곧 수영을 배울 수 있을 거라고 말해 주는 것도 잊지 마세요.

 내가 느끼는 두려움과 공포에 대해 자세히 말해 주세요

벌레들은 아주 나빠요. 왜냐하면 날 물기도 하거든요. 왜 벌레는 사람을 물죠? 내가 알아듣게 말해 주세요. 이제 막 벌레에 대해서 알아가기 시작했거든요. 그런데 내가 아는 벌레들은 모두 너무 무서워서 보기만 해도 겁이 나요.

엄마, 함께 도서관에 가서 벌레에 관한 그림책을 빌려 봐요. 벌레에 대해 좀 더 많은 걸 알게 되면 덜 무서울 것 같아요. 내가 아는 것보다 훨씬 많은 벌레가 세상에 있다는 것도 알 수 있고, 벌레들이 꼭 사람을 해치는 건 아니라는 것도 알면 좋을 거예요.

어떤 벌레는 사람한테 도움을 주기도 하고, 또 물지도 않는다는 것을 알려주세요. 유리병에 벌레를 담아서 관찰해 보는 것도 좋을 거 같아요. 그럼 더 이상 벌레가 무섭지 않게 될 거예요.

# 공포심을 극복할 수 있는 기회를 만들어주세요

개를 볼 때마다 엄마는 내 손을 꽉 잡거나 심하면 비틀기도 해요. 그러니까 왠지 개가 무척 위험한 동물 같아요. 그래서 무서워해야 한다고 나도 모르게 생각하게 됐나 봐요. 모든 개가 다 위험한가요? 별이 집에는 공놀이를 함께하며 노는 개구쟁이 개가 있거든요.

어떤 개를 만지거나 쓰다듬기 전에 주인한테 그래도 되는지 먼저 물어봐야 하는 거죠? 내 안전을 지킬 수 있는 수칙을 알려주면 좋겠어요. 개나 고양이에 대한 책을 보면 어떨까요? 별이가 자기 개랑 어떻게 노는지 지켜보는 것도 좋을 거 같아요. 내가 준비되면 친구의 개를 쓰다듬어 볼 수 있게 해주세요. 그럼 개에 대한 공포심을 극복할 수 있을 것 같아요.

## 때론 정확한 정보가 공포심을 줄여줄 수 있답니다

다른 감정들과 마찬가지로 두려움이나 공포도 자라면서 점점 세분화되고 정교해져 갑니다. 자칫 어린 시절 막연하게 느끼던 두려움이나 공포 감정이 강화될 경우, 어른이 되어서도 이에 대한 두려움을 극복하지 못할 수 있어요. 물론 아이가 자신의 안전을 위협할 수 있는 대상에 대해 경계심을 갖고 조심성을 갖게 할 필요는 있지요. 하지만 막연한 공포와 불안감을 불필요하게 심어줄 필요는 없답니다.

아이가 특정 대상에 막연한 공포감을 보이는 경우라면 오히려 그 대상에 대해 좀 더 분석해 볼 수 있는 기회를 주세요. 대상에 대한 충분한 이해만으로도 공포감을 줄일 수 있을 거예요.

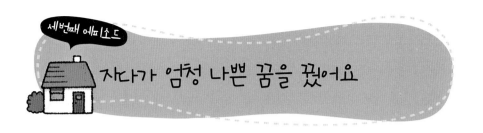

# 자다가 엄청 나쁜 꿈을 꿨어요

난 물에 안 들어갈 거예요.
물 속에 있는 뱀이 날 물 것
같단 말예요!

으아아아앙~

189

언젠가 동물원에서 뱀을 본 적이 있어요. 어떤 날 엄마 차를 타고 오는데 형이 나한테 이상한 걸 던지면서 "뱀이다! 조심하지 않으면 널 물지도 몰라."라고 하지 뭐예요. 난 뱀이 무서워요. 형이 그러는데 뱀은 사람을 물어 죽일 수도 있대요.

난 뱀 말고도 무서운 것들이 많아요. 큰 개나 시끄러운 소리를 내며 달리는 트럭, 그리고 괴물들도 무서워요. 어젯밤엔 커다란 노란색 뱀이 날 막 쫓아오는 꿈을 꾸었어요. 너무 놀라서 비명을 지르다 꿈에서 깼지 뭐예요. 진짜 무서웠어요!

##  빨리 날 진정시켜 주고, 원하는 만큼 함께 있어 주세요

엄마, 내가 비명 소리를 내면 즉시 나한테 달려와 주세요. 엄마가 옆에 없으면 진정할 수가 없답니다. 나를 꼭 껴안아주면서 이렇게 말해 주세요. "괜찮아, 이젠 엄마가 곁에 있잖니."라고요. 엄마는 나보다 훨씬 키도 크고 힘도 세니까 뱀 따윈 쉽게 물리칠 수 있죠? 나는 엄마만 믿어요.

이럴 땐 내 옆에 엄마가 꼭 필요해요. 그러니까 내가 다시 잠들 때까지는 곁에 있어주세요. 물을 조금 마시거나 화장실에 다녀오는 것도 진정하는 데 도움이 될 수 있어요. 아님 자장가를 불러주는 것도 좋아요. 난 곧 다시 잠들게 될 테니까 그때까지만 엄마, 내 곁에 있어 주세요.

### 내가 느끼는 공포심을 이해하고 인정해 주세요

지금은 환한 낮인데도 아직 그 무서운 뱀들이 내 주변을 왔다갔다 하는 것 같아요. 아직도 너무 무서워요. 오늘 밤엔 혼자 잠잘 수 없을 것 같아요. 뱀들이 다시 내 꿈에 나타나면 그땐 어떡하죠? 그냥 꿈이니까 바보같이 굴지 말라는 말은 말아주세요. 꼭 진짜 같았단 말예요.

엄마가 내 꿈 얘기를 잘 들어주면 기분이 좀 나아지곤 해요. 엄마도 어렸을 때 나처럼 악몽을 꾼 적이 있다는 이야기를 해주는 것도 좋을 거 같아요. 하지만 무서운 꿈 이야기를 조금 재미있게 바꿔서 해주면 어떨까요. 결국 용감하게 뱀을 물리쳐서 그 이후로 다시는 꿈에 나타나지 않았다고 말예요.

나도 어쩌면 그 무서운 뱀 꿈을 다른 재미있는 꿈으로 바꿀 수 있을지도 몰라요. 마법의 휘파람을 불어서 그 무시무시한 뱀을 사라지게 할 수도 있을 거예요.

 ### 책도 읽어주고, 나랑 같이 괴물놀이 해요

별이랑 나는 베란다에 괴물이 있다고 상상하며 놀곤 해요. 우린 그 괴물보다 더 빨리 달릴 수 있는 슈퍼맨이에요. 괴물은 우리를 당해 낼 수 없어요. 낮에 친구와 이렇게 괴물 상상 놀이를 하면 꿈에 괴물들이 나타나 날 겁주는 일은 더 이상 없을 거예요.

엄마랑 같이 괴물 놀이를 해도 좋을 것 같아요. 뭘 할지 내가 정하게 해주세요. 엄마가 괴물이 되는 거예요. 엄마는 나쁜 괴물이 아니라 친절하고 착한 괴물이에요. 그래서 서로 친구가 돼서 신나게 노는 거죠. 마치 전에 엄마가 읽어주던 옷장 속의 괴물 이야기처럼 말예요. 나 그 이야기 진짜 좋아하는데, 또 읽어주세요.

 ## 내 방을 편안하게 꾸며 주세요

어두워지면 방에 있는 물건들이 모두 다 괴물 같아요. 방에 스탠드를 켜놓거나 문을 조금 열어두면 덜 무서울 것 같아요. 별이는 침대 위에 인디언들이 사용하는 드림캐처를 걸어두었대요. 드림캐처가 무서운 꿈을 잡아 가둔다고 했어요. 어린이집에서 만들었대요. 나도 하나 갖고 싶어요. 엄마, 나랑 같이 만들어요.

엄마, 불을 끄고 나서 내 옆에 앉아 벽에 나타나는 그림자들이 뭔지 알아봐요. 그럼 더 이상 정체를 알 수 없는 그림자들 때문에 무서워하지 않을 테니까요.

 ## 좋은 꿈을 꿀 수 있게 준비해 주세요

텔레비전을 보는 건 재미있지만, 저녁에 형이 보는 어떤 프로그램들은 무섭기도 해요. 잠을 자려고 할 때, 저녁에 봤던 무서운 프로그램 생각이 나면 잠들기가 어려워요. 행복한 생각이 가득 찼을 때는 잠자리에 드는 게 훨씬 쉬운데······.

엄마랑 책을 읽거나 간질이기 놀이를 할 때면 난 정말 행복한 기분이 들어요. 그 다음 엄마가 나를 꼭 안아주고 잘 자라고 인사해 주면 나 혼자 자도 하나도 무섭지 않아요.

엄마, 잠이 와요. 엄마도 안녕히 주무세요. 엄마도 나처럼 좋은 꿈 꾸고요!

 **악몽을 떨쳐내고 다시 잠들 수 있게 도와주세요**

네 살짜리 아이들은 상상과 현실을 완벽하게 구분할 수 없다는 점을 여러 차례 강조해 왔습니다. 아이들에게 있어 꿈은 단지 꿈으로 끝나는 것이 아니라 현실의 연장선상이라고 할 수 있답니다. 악몽을 꾼 경우, 예컨대 무언가 무서운 괴물에게 쫓기다 잠에서 깼다면 아이는 아직도 그 괴물이 따라오고 있다고 생각하는 것이지요.

아이가 느끼는 공포를 충분히 이해해 주고, 아이가 행복한 기분으로 다시 잠들 수 있도록 배려해 주세요. 엄마가 아이를 끌어안고 토닥토닥 잠자리를 지켜준다면 아이는 평온하게 깊은 잠에 빠져들 것입니다.

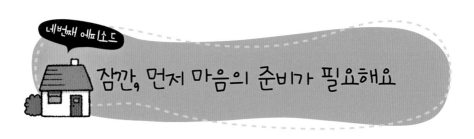

네번째 에피소드

# 잠깐, 먼저 마음의 준비가 필요해요

안 돼, 싫어요!
수영장에 안 들어갈래요. 제발
억지로 들어가라고 하지 마세요.

긴장~

무서워~

출렁

출렁

194

엄만 내가 형처럼 빨리 수영을 잘하기를 바라지만 나는 물이 너무 무서워요. 속이 다 울렁거릴 정도라고요. 제발 수영 선생님한테 억지로 보내지 마세요. 또 소리치거나 야단치지도 마세요. 그럼 난 더 두려워지거든요. 다른 애들은 그냥 물속에 뛰어들지만 난 너무 무서워서 못하겠어요.

별이는 뭐든 하는 걸 좋아해요. 신중하게 생각하기보다는 일단 뛰어들고 보거든요. 하지만 난 많은 생각을 한 다음에 행동해야 안심이 되고 더 잘할 수 있어요.

## 내 모습 그대로를 인정해 주세요

난 늘 새로운 상황이나 사물에 대해 조심하고 또 조심해요. 딱딱한 음식을 처음 먹었을 때 엄마한테 뱉은 다음 다신 입을 벌리지 않았잖아요. 난 지금도 늘 먹던 것과 모양이나 냄새가 다른 음식은 먹기 싫어요. 또 우리 집이나 집 근처 놀이터처럼 익숙한 장소에서 노는 게 좋아요.

그럼 엄마는 내가 아기같이 군다고 해요. 하지만 난 아기같이 구는 게 아니라고요! 전에도 지금도 똑같이 '나'예요. 단지 내 안에서 거부하는 것들을 받아들이고 그것에 따를 뿐이에요. 난 처음부터 이렇게 태어났나 봐요.

## 먼저 마음의 준비가 필요해요

엄마, 내게 아무런 설명 없이 그냥 치과에 데려가 놓고선 내가 괜찮을 거라곤 기대하지 마세요. 거기엔 내가 알 수 없는, 처음 보는 것들로 가득한 걸요. 엄마도 새로운 곳이 불편할 때 있잖아요.

치과에 가기 전에 도서관이나 서점에 가서 아이들을 위한 치과 이야기책을 함께 보는 것은 어떨까요? 아니면 치과에서 즐겁고 편안하게 치료받는 아이들이 나오는 비디오는 어때요?

치과에 가면 어떤 일이 일어날지 미리 귀띔해 주세요. 엄마 옆에 앉아서 의사 선생님이 하는 일을 보게 하는 것도 좋은 생각이에요. 어쩜 의사 선생님께서 직접 무엇을 할 건지 자세히 설명해 줄지도 모르죠. 또 귀여운 새 칫솔을 줄지도 모르고요.

## 지켜보는 것도 좋은 방법이에요

수영장에 가기 전에 미리 나쁜 일은 일어나지 않을 거라는 확신을 갖게 해주세요. 엄마랑 목욕할 때 내가 물고기가 돼서 신나게 놀았던 때를 떠올리게 해주는 것도 좋겠어요. 지금 우리가 가는 수영장은 그냥 조금 큰 욕조 같은 거라고 말해 주세요.

또는 "오늘 물에 들어갈 수 있을지 염려하고 있구나. 그런 걱정이 드는 건 너무나 당연하단다. 넌 전에 수영을 해본 적이 없으니까 말이야. 그러니까 오늘은 물에 들어가지 않고 그냥 앉아서 어떻게 하는 건지 보기만 해도 괜찮아."라는 말로 나의 불안한 마음을 충분히 이해하고 공감해 주세요. 물론 내가 준비되면 언제든지 물에 들어갈 수 있다는 말도 함께 말이죠.

엄마, 보세요. 애들이 모두 손을 잡고 물속에서 둥글게 둥글게 놀이를 하고 있어요. 나도 저건 할 수 있을 것 같아요. 오늘 집에 가서 욕조에서 똑같이 해볼래요.

하지만 결국 수영을 배우지 못한다 하더라도 내 용기를 꺾는 말은 하지 말아주세요. 아직은 준비가 안 된 것뿐이니까요. 그런데도 엄마가 계속해서 강요하면 스스로 실패했다는 생각에 주눅이 팍 들 것 같아요.

곧장 수영장에 뛰어들기보다 물이나 주변 환경에 익숙해질 수 있는 방법을 생각해 주세요. 그럼 어쩜 내가 다섯 살이나 여섯 살쯤 되면 수영 교실에 참가할 수 있을지도 모르잖아요.

 **때로는 자연의 순리에 맡겨주세요**

주위의 또래들과 우리 아이의 성장을 비교하게 되면서 발달이 거기에 미치지 못하는 것 같으면 성급한 마음에 아이를 재촉하는 경우가 종종 있습니다. 하지만 모든 아이들은 저마다 다른 기질과 개성을 가지고 있으며, 발달 속도 또한 서로 다르답니다. 조급한 마음에 억지로 끌어당길수록 아이는 더욱 움츠러들 뿐입니다. 때론 조용히 지켜보며 기다려 주는 것이 가장 빠른 최선의 방법이라는 것을 기억해 주세요.

part 08
엄마의 따뜻한 배려가
필요해요

**사람이 북적대는 곳에서** 오래 줄 서서 기다리는 거, 조용한 식당에서
얌전히 앉아서 밥 먹는 거는 나한테 너무 힘들어요. 엄마, 내가 네 살이기는
하지만, 아직 어른이 된 건 아니랍니다. 엄마가 조금만 배려해 주면, 우리는
서로 양보하면서 문제를 잘 해결할 수 있을 거예요.

**첫번째 에피소드**

# 외식은 놀이방이 있는 식당이 좋아요

외식할 땐 음식이 나올 때까지
얌전히 기다려야 하고, 다 먹고 난
다음에도 한참 동안 앉아 있어야만 해요.
외식은 너무 너무 힘들어요.

얌전히 있어!

지루하단
말예요!

200

어른들은 어떻게 그렇게 줄곧 앉아서 얘기만 할 수 있죠? 몸이 근질근질하지도 않은가 봐요? 물컵에 얼음들이 둥둥 떠다니고 있는데 그걸 숟가락으로 건져보고 싶진 않나요?

내가 의자에서 슬쩍 미끄러져 내려오면 엄만 바로 똑바로 앉으라고 해요. 하지만 어떻게 똑바로 앉아 있을 수 있죠? 그 의자들은 굉장히 미끄러운 데다 내 몸보다 크다고요. 도대체 왜 외식을 하는지 모르겠어요. 하나도 재미없는데 말예요.

가장 좋은 식당은 들어가자마자 기다리지 않고 곧바로 앉아서 음식을 먹을 수 있는 그런 곳이에요. 난 방이 서로 나눠져 있는 데가 더 좋아요. 창문이 옆에 있다면 더 좋고요. 또 자리에 앉자마자 음식이 나오면 좋겠어요. 전에 먹어본 음식이라면 더 좋겠고요.

좋은 식당은 불도 환하고 작은 목소리가 아닌 큰 목소리로 마음껏 얘기도 할 수 있는 그런 곳이에요. 그리고 음식을 다 먹고 나면 바로 나오는 거죠. 그럴 수 없다면 어른들이 얘기하는 동안 나 같은 애들이 실컷 놀 수 있는 놀이방이 있으면 정말 좋겠어요. 그런 곳이라면 언제든 환영이랍니다.

## 기다리는 동안 할 수 있는 일을 준비해 주세요

외식하러 갈 때면 엄마는 내게 이런 말만 해요. "빨대로 장난하면 안 돼.", "얼음 갖고 장난하지 마.", "젓가락으로 그런 소리 내면 시끄러워.", "의자에 가만히 앉아 있어.", "조용히 얘기해야지." 하지만 그렇게 가만히 앉아만 있는 게 네 살인 내겐 무척 어려운 일이랍니다.

난 뭔가를 해야만 해요. 색칠 놀이를 할 수도 있겠죠. 엄마가 나랑 같이 뭘 그릴지, 무슨 색을 칠할지 등을 얘기하면서 말예요. 모든 식당에 색연필이 있진 않을 테니까 내 걸 미리 챙겨가면 어떨까요?

음식이 나올 때까지 함께할 수 있는 일은 또 있어요. 책을 읽거나 장난감을 가지고 노는 거예요. 그러면 엄마가 원하는 대로 얌전히 있을 것 같아요. 혼자서는 힘들지만, 엄마가 도와주면 잘할 수 있을 거예요.

## 외식할 땐 아이를 배려해서 식당을 고르세요

아이들은 가급적 부정당할 수 있는 상황에 처하지 않도록 해야 합니다. 아이가 완전한 분별력을 갖기 전까지는 부모님이 그러한 환경을 만들어줄 필요가 있답니다. 예컨대 부정당할 수 있는 환경에 노출되지 않도록 해야 하는 거죠. 지나치게 예의바른 행동을 아이에게 요구하는 식당이라면 가지 않는 것이 좋답니다.

부득이 외식을 해야 할 때는 오래 기다려야 하는 식당은 피하고, 아이가 뛰어놀 놀이방이 갖춰진 식당을 이용하거나, 아이의 주의를 돌릴 수 있을 만한 그림책이나 장난감 등을 준비해 주세요. 그리고 밥을 먹으면 얼른 식당을 나오는 것도 한 방법입니다.

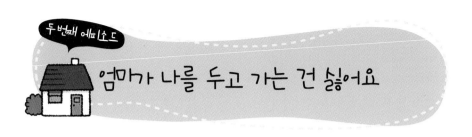

# 엄마가 나를 두고 가는 건 싫어요

날 두고 가지 마세요!
나도 따라가고 싶어요.
이 이모는 싫다고요!

에휴~

앙~
나도 갈래!

**왜 날 데려가지 않는 거죠?** 엄마가 가는 곳이면 나도 어디든 따라갈래요. 왜 나만 집에 있어야 하나요? 엄마 아빠 없이 집에 혼자 있을 때가 난 제일 싫어요. 난 언제나 엄마 아빠가 필요하다고요. 언제 돌아오실 거예요? 제발 내가 아기처럼 군다고 말하지 마세요. 난 아기가 아니라, 그저 혼자 남겨지는 게 너무 슬픈 네 살짜리일 뿐이에요.

윤미 이모는 나랑 로봇 놀이도 하고 색칠 놀이도 해요. 어제는 블록도 만들었어요. 내가 재미없어할 땐 함께 책을 읽거나 무슨 재미있는 놀이를 할까 묻기도 해요. 윤미 이모는 잘 웃고 재미있는 이야기도 해줘요.

하지만 머리가 길었던 어떤 이모는 그렇지 않았어요. 나랑 같이 놀아주지도 않았어요. 그저 "어떤 비디오 틀어줄까?"라는 말만 계속했어요. 나한테 말도 안 걸고, 소파에 앉아서 텔레비전만 보는 거예요. 그 이모는 나랑 있는 게 싫은가 봐요. 엄마 아빠 없이 나 혼자 있어야 할 땐 윤미 이모를 불러 주세요. 함께 있어줄 훌륭한 어른 친구가 필요하다고요!

 **무엇보다 내 슬픔을 이해해 주세요**

내 기분이 나아지게 해주려고 윤미 이모를 데려오신 거 알아요. 맞아요. 나도 윤미 이모가 좋아요. 하지만 그 누구보다 엄마 아빠가 좋아요. 왜 엄마 아빠가 나랑 하루 종일 함께 있으면 안 되는지 모르겠어요. 내가 징징거리며 떼쓰는 건, 엄마 아빠가 이런 내 기분을 알아주었으면 하는 표현이랍니다.

그런 내 맘도 몰라주고 무작정 "그만 좀 징징거려라!"라고 소리만 치면 난 더 큰 소리로 울게 돼요. 만약 엄마 아빠가 내 옆에 앉아 나를 꼭 끌어안고서 "사실 엄마 아빠도 널 두고 가는 게 마음 아프단다."라고 말해 준다면 기분이 좀 나아질 거예요.

그렇게 말해 주면 엄마 아빠가 날 많이 아끼고 사랑한다는 걸 느낄 수 있거든요. 그래서 아주 잠깐의 이별쯤은 참을 수 있다는 생각을 하게 된답니다.

 ### "엄마 아빠 다녀올게."라는 말을 잊지 마세요

혹시 엄마 아빠는 외출할 때 내 눈을 피해 몰래 살금살금 나가는 게 최선이라고 생각하는 건가요? 그렇게 생각한다면 크게 실수하신 거예요. 왜냐하면 그건 생각만 해도 정말 무서운 일이거든요.

날 두고 나가시는 엄마 아빠에게 "안녕히 다녀오세요."라고 말하는 게 힘들지만, 그래도 그렇게 말하고 나면, 훨씬 기분이 나아져요. 우리만의 특별한 작별 인사를 하고 나면, 잠시 엄마 아빠가 안 계셔도 난 여전히 사랑받는 아이라는 생각 때문에 마음이 훨씬 편해지거든요. 그러니까 몰래 나가시면 안 돼요. 우리만의 포옹이나 뽀뽀도 잊으면 안 되고요.

우리만의 작별 인사를 끝낸 후엔 윤미 이모랑 문 앞에 서서 엄마 아빠가 차를 타고 출발하기 전에 내게 손을 흔들면서 "다녀올게." 하고 말하는 걸 보고 싶어요. 그럼 난 이렇게 말할 수 있을 거예요. "잘 다녀오세요. 엄마 아빠가 보고 싶을 거예요!"

## 육아솔루션 · 부모를 대신해 돌봐 줄 사람을 고를 땐 신중해야 합니다

네 살짜리 아이는 혼자 있을 수 없습니다. 아직은 성인의 보호가 필요한 존재입니다. 될 수 있으면 아이를 데리고 함께 다니는 것이 좋지만, 부득이하게 아이와 함께 갈 수 없다면 엄마와 떨어지기 싫어서 슬퍼하는 아이의 마음을 먼저 헤아려 주세요.

그리고 아이를 진심으로 좋아해 줄 수 있고 믿을 만한 사람을 찾아서 맡겨야 합니다. 엄마 대신 아이를 돌봐 줄 사람을 쉽게 선택하지 마세요. 엄마가 없는 동안 엄마처럼 따뜻하게 돌봐 줄 수 있는 사람이어야 한답니다.

또한 작별인사를 할 때는 엄마가 반드시 금세 돌아올 거라는 믿음을 주어 아이가 불안해하지 않고 기다릴 수 있게 도와주세요.

세번째 에피소드

# 엄마랑 장보기는 너무 힘들어요

안 돼요. 장보러 가지 마요.
지금 힘들고 배고프단 말예요.
그냥 집으로 곧장 가고 싶어요.

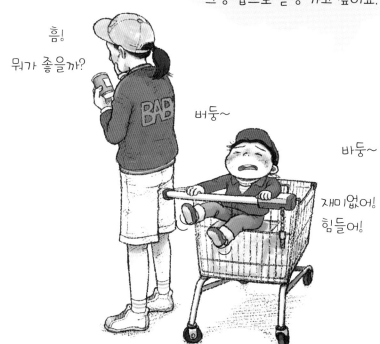

흠!
뭐가 좋을까?

버둥~

바둥~

재미없어!
힘들어!

엄마, 가만히 앉아서 눈으로만 보는 게 얼마나 힘든지 아세요? 이런 건 내게 너무 어려워요. 잘할 때도 있지만 별로 오래 가진 못해요. 장보는 시간이 길어질수록 규칙을 따르기가 어려워져요. 내 몸 안에서 뭔가 꿈틀대기 시작하거든요. 그러면 난 더 이상 참을 수가 없어져요.

마트에는 신기하고 재미난 것들이 많아요. 엄만 그것들을 장바구니에 넣는데 왜 난 하면 안 되죠? 엄만 다 되고 나는 뭐든지 하면 안 되는 건가요? "과자는 안 된다.", "오늘은 사탕 안 살 거다.", "선반에 있는 물건 만지면 안 돼!" 장보는 건 하나도 재미없어요. 아무리 생각해도 그건 네 살짜리에겐 맞지 않는 것 같아요.

## 장보기 계획을 미리 세워요

피곤하지도 않고 배도 안 고플 때 잠깐 장보는 건 괜찮아요. 하지만 오랫동안 장보는 건 싫어요. 카트 안에서 꼼짝 못하고 한참 동안 있노라면 나도 모르게 소리 지르며 울고 싶어져요.

그리고 사람이 많지 않을 때 가면 좋겠어요. 줄 서서 기다리는 건 더 힘들거든요. 더구나 코앞에 맛있는 사탕과 과자가 잔뜩 있을 땐 참을 수가 없어요. 목록을 미리 만들어서 목록대로 장을 본 다음 빨리 마트를 빠져나오면 안 될까요? 아참, 엄마! 아무리 서둘러도 막대사탕 하나 뽑을 시간은 남겨주실 거죠?

## 카트에 물건 담는 걸 돕고 싶어요

　장볼 때 내게도 할 일을 주세요. 사과 세 개랑, 오렌지 두 개는 카트에 넣을 수 있어요. 내가 좋아하는 과자도요. 살 게 뭔지 알려주고 물건을 카트에 담을 수 있게 해주세요. 만약 내 손이 닿지 않는 곳에 있는 물건이라면 엄마가 대신 꺼내주세요. 내가 카트에 넣을게요. 뭔가 할 일이 있을 때는 엄마를 덜 귀찮게 할 테니까요.

　장볼 목록을 만들 때 나한테도 물어봐주면 좋겠어요. 그래서 내가 한눈을 팔면 엄마가 목록을 보여주면서 그건 오늘 살 목록에 없는 거라고 말해 주세요. 목록엔 내가 좋아하는 것도 한두 개는 꼭 넣어 주어야 해요. 그리고 장보러 가는 길에 마트에서 지켜야 할 규칙들에 대해서 다시 말해 주면 잘 기억할게요. 그럼 문제들을 덜 일으킬지도 몰라요.

 ### 유혹을 참아 낼 수 있는 준비가 필요하답니다

　네 살짜리는 유혹에 약하답니다. 맛있는 과자를 주면서 지금 바로 먹지 말고 조금 기다렸다가 먹으라고 하는 것조차 큰 도전거리지요. 그러므로 먹고 싶고 갖고 싶은 게 무궁무진한 마트에서 욕구를 억누르며 가만히 장보는 엄마를 따라다니는 건 아이 입장에선 고역이나 다름없습니다.

　게다가 이젠 마음만 먹으면 뛰어다니며 이것저것 만져볼 수도 있는데 그런 유혹을 참으려면 얼마나 힘들까요? 되도록 빨리 장보기를 마칠 수 있게 미리 준비하고, 아이가 장보기를 즐겁게 할 수 있는 방법들을 찾아보세요. 또한 마트에 가기 전, 미리 지켜야 할 규칙들을 주지할 수 있게 도와주세요.

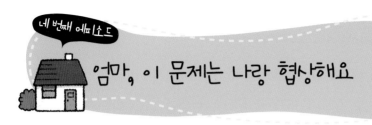

# 엄마, 이 문제는 나랑 협상해요

요즘 '주고받는다'는 게 뭔지 배우고 있어요.
그런데 난 주기만 해야 하나요? 엄마는
계속 받기만 바라는 것 같아요.

어쭈~

이것만은
양보 못해!

찌릿~

엄마는 이제 놀이터에서 그만 놀고 집으로 가자고 해요. 하지만 난 그네를 더 타고 싶어요. 그런데 엄마는 저녁 준비를 해야 하니까 그만 돌아가야 한다고 해요. 하지만 엄마, 그네를 타려고 지금껏 기다렸다고요. 이제야 내 순서가 되었단 말예요. 어떻게 그냥 갈 수가 있어요?

요즘 혹시 내가 달라진 거 느끼셨나요? 예전엔 그냥 "싫어. 안 할래!"라고 대답했지만 지금은 엄마와 협상을 할 줄 알게 되었답니다. 옛날 같으면 싫다고 하면서 그 자리에 드러누워 마구 울었을지도 몰라요. 그러나 이젠 엄마가 그만 놀고 집에 가자고 하는 이유를 이해하거든요. 그래도 한참 기다려 이제 겨우 내 순서가 되었는데 잠깐 그네 탈 시간을 주면 좋겠어요.

## 내 요구를 무조건 반대하지 마세요

지금 당장 집에 가야 하나요? 5분 늦게 간다고 해서 엄마의 저녁 준비 계획이 엉망이 되진 않겠죠? 내게 5분은 엄마의 저녁 준비처럼 매우 소중하거든요.

만약 엄마가 내 요구를 받아들여서 5분 동안 그네를 더 타게 해주고, 그네를 밀어주기까지 한다면 엄마가 저녁 준비하는 걸 도와드릴게요. 그럼 난 뭐라 말할 수 없이 행복한 기분이 들 거예요.

엄마가 내 말에 귀를 기울이고 내 제안을 신중하게 생각해 주면 난 자라서 무조건 복종하는 사람이 되진 않을 거예요. 물론 강압적으로 엄마의 말에 따르도록 만들 수도 있겠죠. 그걸 복종이라고 하나요?

하지만 엄마, 내가 누군가에게 무조건 복종해야 한다면 미래의 내 모습은 어떻게 될까요? 무엇이 최선인지 먼저 생각하고 문제를 해결하려고 노력하는 과정을 경험하게 해주세요. 잘못된 권위에 의문을 제기할 수 없다면, 훗날 나쁜 사람들로부터 나 자신을 어떻게 지켜낼 수 있을까요?

### 협상을 통해 최선의 길을 선택하게 해주세요

엄마, 가능하면 협상의 기회를 많이 주세요. "욕조에서 지금 나올래, 아니면 5분 후에 나올래?" "10분 후요!" "그래 좋아. 하지만 10분 동안 더 있게 되면 그림책은 두 권밖에 읽을 수 없을 거야. 9시엔 자야 하니까. 어떻게 할 거니? 그래도 10분 뒤에 나오고 싶니?"

엄마가 선택의 기회를 많이 주면, 선택할 기회가 많아서 기분이 좋아져요. 중요한 건 이런 행동을 통해 다른 사람들과 함께 살아가는 방법을 배우게 된다는 거죠. 협상을 통해 스스로 최선의 것을 선택하는 훈련을 많이 할수록 친구들과 함께 놀 때도 상황에 따라 최선의 행동을 할 수 있게 된답니다.

난 이제 별이에게 다른 장난감을 주고 내 블록을 가져오는 협상을 할 수 있을 것 같아요. 아님 별이에게 동그란 모양의 블록을 주고 내가 가장 좋아하는 네모난 블록을 가져오는 거예요. 협상한다는 건 참 멋진 일 같아요!

 절대로 협상할 수 없는 것들을 알려주세요

어떤 것들은 협상할 수 없다는 것도 가르쳐주세요. 절대로 안 되는 이유를 설명해 주는 것만으로도 충분해요.

"너 혼자 마구 길을 건너서는 안 된단다. 이건 절대로 안 되는 일이야. 길을 건널 때는 항상 어른과 함께 건너야 해. 차에 탄 사람들은 너 같은 어린아이들을 잘 못 보고, 또 혹시 봤더라도 네가 다치기 전에 차를 멈추지 못할 수도 있단다. 이건 매우 중요한 일이니까 꼭 기억해 두렴!"

 ### 아이가 선택의 주체가 될 수 있게 도와주세요

아이의 인지 능력이 발달해 갈수록 아이는 점점 능동적 주체로 성장하게 됩니다. 아직 도움이 필요하긴 하지만 뭔가를 스스로 선택하고 그 결과에 뿌듯해하기도 하지요. 또한 원하는 것을 얻기 위해 상대방과 협상하는 능력도 배우게 됩니다. 그러면서 사회성을 키워 나가지요.

현명한 판단을 할 수 있는 어른으로 성장하기 위해서는 어릴 때부터 비록 작은 문제라도 스스로 생각해 상황을 판단할 수 있는 기회를 주는 것이 좋습니다. 아이에게 선택의 기회를 주면서 이에 따른 책임감과 안전의 문제도 함께 알아갈 수 있게끔 도와주세요.

# 이 다음에 커서 아빠랑 결혼할래요

난 아빠가 제일 좋아!
엄만 필요 없어!

저리 가!

헐

아빠랑 소꿉놀이 하고 있어요. 내가 엄마고 아빤 아빠예요. 우리는 외식도 하고 영화도 보러 갈 거예요. 내가 아빠만 좋다고 하면 엄마는 걱정하세요. 혹시 엄마가 내게 잘못한 게 있나 궁금해하면서 말이죠. 엄마를 걱정하게 만들 생각은 없었어요. 다만 내가 여자가 되는 과정일 뿐이랍니다.

엄마 아빠 서로 사랑하고 염려하며 함께 시간을 보내기도 하잖아요. 나도 엄마처럼 되고 싶어요. 그러니까 어른이 되면 아빠랑 결혼할래요.

## 엄마 말고 아빠가 동화책 읽어주세요

여자 아이들은 아빠랑 시간을 보낼 필요가 있어요. 아빠는 특별한 존재거든요. 내가 아기였을 땐 엄마만이 내게 필요한 유일한 존재였고 늘 최고였어요. 그땐 아빠에 대해 잘 몰랐죠. 하지만 이젠 아빠에 대해서 알아야 할 때가 된 것 같아요.

아빠랑 놀면 굉장히 재밌어요. 아빠 머리에 이상한 모자도 씌우고, 또 그런 아빠의 모습을 보면서 서로 웃기도 하고요. 아빠랑 머리도 감고 이도 닦고 그림책도 같이 읽을 거예요.

또 아빠는 힘도 세서 나를 번쩍 들어올릴 수도 있고 목말을 태워줄 수도 있어요. 그러면 얼마나 신난다고요. 엄마는 힘이 약해서 아빠처럼 그렇게 할 수 없잖아요.

## 아빠를 좋아하는 기분을 이해해 주세요

난 지금 아빠랑 놀고 싶어요. 하지만 이런 내 마음을 어떻게 하면 예의바르게 표현할 수 있는지 잘 모르겠어요. 그래서 "저리 가.", "엄마 미워.", "엄마는 필요 없어." 같은 말을 하는 거예요.

난 지금 원하는 게 뭔지 엄마한테 말하는 법을 배우는 중이에요. 어쩌다가 엄마한테 뾰로퉁한 말을 해도 진심은 아니란 걸 알아주세요. 단지 난 그 어느 때보다도 아빠가 필요할 뿐이에요. 엄마가 이런 내 기분을 이해해 주고 기다려 주면 좋겠어요.

아빠가 통화중이면 함께 이를 닦을 수는 없으니까 차분한 목소리로 이 상황을 말해 주세요. 그런 다음 내가 분홍색 칫솔을 쓸 건지 노란색 칫솔을 쓸 건지 물어봐 주세요. 엄마를 거부하는데도 여전히 밝은 표정으로 인내심을 발휘하기란 쉽지 않겠지만, 그래도 엄마가 좀 더 노력해 주면 안 될까요? 엄마가 화난 목소리로 소리치면 나는 더 심통을 부리고 싶어지거든요.

아빠는 세상에서 가장 훌륭한 사람이에요. 그러니까 엄마가 아빠랑 결혼했겠죠. 나도 엄마처럼 아빠랑 결혼하고 싶어요.

아빠랑 소꿉놀이를 하는 동안 아빠가 우리 가족 관계에 대해 설명해 주면 어떨까요? "내가 너랑 놀 땐 네가 엄마고 난 아빠가 될 수 있지. 그러나 현실에서는 난 네 아빠고 엄마는 아빠의 소중한 아내란다. 그리고 넌 우리의 아주 사랑스럽고 특별한 딸이고 말이야."라고 말이에요.

### 엄마와 함께할 수 있는 일을 만들어주세요

내가 엄마한테 "저리 가!"라고 한다고 해서 정말 영원히 가버리란 뜻은 절대 아니에요. 여전히 엄마는 나한테 필요하고 특별한 존재니까요. 내가 아빠랑 더 놀고 싶어 할 때도 엄마랑 함께할 수 있는 일이 있을 거예요. 난 엄마가 나를 꼭 안고 요란스럽게 뽀뽀해 줄 때가 참 좋아요.

그러니까 엄마가 나한테 그렇게 안아줄까라고 물어봐 주세요. 처음엔 싫다고 대답할지도 몰라요. 하지만 마음속으로는 무척 원하고 있어요. 엄마를 좋아하니까요. 아, 그러고 보니 엄마랑 나랑 할 수 있는 일이 찾아보면 아주 많은 것 같아요. 아빠랑 놀 때 그걸 잠시 잊어버리는 것뿐이랍니다.

### 육아솔루션 **다른 성의 부모가 함께 해줄 수 있는 활동을 찾아보세요**

네 살은 소위 오이디푸스 콤플렉스나 엘렉트라 콤플렉스가 나타나는 시기입니다. 즉 자신을 동성의 부모와 동일시하며 반대 성의 부모에게 집착하는 모습을 보이게 되는 거죠. 특별히 아빠만 더 좋아하거나 엄마만 따르고 아빠를 경계하는 태도가 두드러지는 아이들도 있습니다. 이럴 때 서운한 감정을 드러내선 안 됩니다. 오히려 그런 서운한 감정이 아이와 부모의 관계를 서먹하게 만들 수도 있으니까요. 이런 시기에는 아이가 느끼는 감정을 다독여주고, 다른 성의 부모가 해줄 수 있는 활동을 적극적으로 찾아보는 게 좋아요.

# 소리부터 버럭 지르지 말아주세요

이 닦을 시간이다.
빨리 이 닦아라!
당장 이 닦지 못 하겠니!

어서!

안들림~

몰입......

엄만 내가 일부러 엄마 말을 무시하는 거라고 생각하시죠? 블록을 갖고 노느라 정신이 없어서 엄마 말을 듣지 못한 것뿐이에요. 그런데 엄만 내가 엄마 말을 무시했다고 생각했나 봐요. 나한테 버럭 소리를 지르면서 화를 내네요.

난 텔레비전에서 나오는 소리, 엄마가 전화하는 소리, 옆집 개가 짖는 소리 등 한 번에 여러 소리를 들어요. 하지만 놀고 있을 때는 이런 소리들이 전혀 들리지 않아요.

엄마가 부엌에서 양치질하라고 아무리 소리쳐도 듣지 못할 수 있어요. 그럴 땐 가까이 오셔서 부드럽게 내 팔을 붙잡고 나와 눈을 맞춘 다음, 이제 양치질을 할 시간이라고 말해 주세요.

## 해야 할 일을 내가 기억할 수 있게 도와주세요

어떤 때는 엄마가 말한 걸 금방 잊어버리기도 해요. 그럴 때는 너무 길게 말하지 말고 요점만 간단히 말해 주세요. "너 왜 욕실에 들어갔지?"라고 말이에요.

엄마가 너무 많은 단어를 써서 말하면 나는 혼란스러워요. 엄마가 나한테 방에 가서 외투와 모자를 가져오라고 했는데 내가 기억 못하고 머뭇거릴 때는 간단하게 말해 주세요. "엄마가 가져오라고 한 것 두 개가 뭐지?"라고 말예요. 그러면 나는 금방 기억할 수 있어요. "아, 맞다! 외투랑 모자. 금방 가져갈게요, 엄마!"

## 소리치지 말고 부드럽게 말해 주세요

엄마는 나한테 너무 자주 큰 소리로 말해요. "이 닦으라고 했지!", "장난감 치우라고 했어, 안 했어!" 그러면 난 무서워서 엄마를 쳐다보지도 않게 돼요. 쳐다보지 않으니까 당연히 잘 들을 수도 없고요. 제발 엄마, 소리치지 말고 부드럽게 말해 주세요.

난 엄마가 "넌 엄마한테 아주 특별한 존재란다."라고 말해 줄 때랑 나를 꼭 껴안아줄 때가 제일 좋답니다.

 ## 엄마의 화난 목소리가 아이를 주눅들게 합니다

대체 알아들은 건지, 아니면 듣고도 모른 체하는 건지……. 어느새 울컥 치민 짜증에 아이에게 버럭 소리를 지르고 있지 않나요? 아이들은 섬세하게 느낀답니다. 그래서 엄마의 목소리가 조금만 안 좋아도 당황하고 겁에 질리곤 하지요.

특히 아이가 뭔가에 몰입하고 있을 때는 주변 상황이나 소리에 반응하지 못할 수도 있답니다. 몰입 상태에서는 아이의 시간과 공간이 왜곡될 수 있으니까요. 뭔가 주지시켜야 한다면 부드럽게 아이의 눈을 보며 낮은 목소리로 이야기해 주세요. 그리고 아이가 뭔가를 잊어버렸다면 기억해 낼 수 있게 힌트를 주는 것도 좋은 방법입니다. 그럼 목 아프게 소리 쳐야만 하는 상황을 많이 줄일 수 있을 거예요.

# "안 돼"보다 "그래 좋아"가 훨씬 좋아요

엄마, 난 응석받이가
아니라고요!

다 내 거야!

훌쩍

훌쩍

이건 내가 어렸을 때부터 시작된 것 같아요. 내가 과자나 장난감을 원하거나 책을 더 읽어 달라고 했을 때 자주 듣게 되는 엄마의 대답은 "안 돼!"였어요. '안 돼'라는 말은 내가 단어를 많이 몰랐을 때 매우 새롭고 신선한 단어였죠.

내가 아기였을 때는 좀 힘들거나 배가 고프면 소리 지르면서 울었어요. 그때 배우게 된 것이 바로 '안 돼'라는 말이 항상 '안 돼'를 뜻하지는 않는다는 것이었답니다. 소리 지르면서 떼를 쓰면 엄만 내가 원하는 걸 주셨거든요.

지금은 울며 떼쓰는 대신에 간청하고 애원하고 조르는 다른 방법을 알게 되었어요. 단어를 사용해 내 뜻을 전달하는 거죠. 그렇게 난 내가 원하는 것을 얻을 수 있게 되었어요.

난 '안 돼'보다 '그래, 좋아'라는 말이 훨씬 좋아요. 처음부터 '그래'라고 하면 엄마도 덜 힘들 텐데 왜 항상 '안 돼'라고 먼저 하는지 모르겠어요. 나도 아기처럼 칭얼거리고 징징거리며 응석부리기 싫어요. 먹고 싶으면 과자든 빵이든 언제든 먹을 수 있으면 좋겠어요. 잠도 내가 원할 때 자고요.

##  필요한 게 뭔지 알 수 있게 도와주세요

문제는요, 난 아직 어리기 때문에 원하는 것은 잘 알지만 정작 내게 필요한 게 뭔지는 잘 모른다는 거예요. 그래서 엄마의 도움이 필요하답니다. 왜 몸에 좋은 음식을 먹어야 하고 잠을 충분히 자지 못

하면 문제가 생길 수 있는지도 엄마가 일깨워주어야 해요. 혹시 그런 과정에서 내가 엄마를 많이 힘들게 할지도 몰라요. 하지만 소리 지르고 떼쓰고 징징거릴 때도 날 위해 무엇이 최선인지 결정해 줄 엄마가 필요해요.

할머니 집이나 친구 집에 가면 어떤 일들이 생기게 될지 난 몰라요. 할머니 집에서 비디오를 보겠다고 떼를 쓰거나, 할머니가 만들어준 음식을 안 먹겠다고 투정을 할지도 모르죠.

친구 집에선 또 어떻고요. 친구 장난감을 집에 가져가겠다고 고집을 부릴지도 모르잖아요. 계속 그렇게 행동하면 난 다시는 친구 집에 초대받지 못하겠죠?

## 한 번 안 된다고 한 것은 꼭 지켜주세요

밥 먹기 전에 과자를 먹으면 안 되는 게 규칙인데, 엄마가 어제는 먹어도 좋다고 허락하셨어요. 계속해서 조르고 또 조르면 결국 내가 원하는 걸 주시거든요. 오늘은 과자를 먹을 수 있나요? 세 번, 네 번 아님 열 번쯤 졸라대면 주실 건가요?

어떤 날은 규칙을 지켜야 하고 또 어떤 날은 지키지 않아도 되는 건가요? 그러면 나는 계속해서 떼를 쓸 것 같아요. 그러니까 한 번 정한 규칙은 꼭 지켜야 하는 것이고, 또 이 부분에 대해 엄마의 마음이 변하지 않을 거라는 걸 말해 주세요.

그렇지만 너무 엄격하게만 대하지는 말아주세요. 내가 얼마나 과자를 좋아하는지 엄마도 알고 있잖아요. 밥을 먹기 전에 과자를 먹을 수는 없지만 식사 후에는 디저트로 먹을 수 있다고 말해 주면 좋겠어요.

엄마는 내가 징징거리고 화내며 거칠게 굴 거라는 걸 예상하셔야 해요. 아직 난 내가 원하는 모든 걸 가질 순 없다는 게 이해하기 힘들거든요. 그래서 무척 화가 날 때도 있어요.

난 네 살이라 엄마의 도움이 필요해요. 좀 더 자라면 감정을 잘 조절할 수 있을 거예요. 규칙을 정하고 내가 그것들을 잘 따를 수 있게 도와준다면 엄마나 나 모두 행복해질 수 있어요. 다만 처음부터 너무 많은 규칙들을 정하진 말아주세요.

 ## "안 돼!"라는 표현은 제발 아껴두세요

아이의 하루가 '안 돼'라는 단어로 채워지고 있다면 매우 불행한 일이 아닐 수 없답니다. 아이는 부정당할수록 자존감이 저하되니까요. 가급적 아이가 어릴 때는 부정당하지 않는 환경을 만들어주는 것이 필요하지만, 그래도 아이의 행동을 제지할 필요가 있는 상황이라면 '안 돼'를 대신할 수 있는 표현을 생각해 보세요. '안 돼'라는 말은 당장에 아이 자신이나 타인의 안전을 위협할 수도 있는 급박한 상황을 위해 아껴두기 바랍니다.

그리고 네 살짜리는 아직 분별력을 제대로 갖추지 못했기 때문에 엄마가 일관성 있는 태도를 유지하는 것이 중요하다는 점도 꼭 기억하세요.

# 때리지 말고 해결책을 알려주세요

일부러 엄마 말을
듣지 않는 게
절대 아니라고요!

말 좀 들으라고
했지!

철썩~

으앙~

"어서 옷 입어라!", "빨대 가지고 노는 거 당장 그만두지 못하겠니!", "때리면 안 돼!", "방해하지 마, 엄마 통화중이잖아!", "가만히 앉아 있어!"

내가 엄마 말을 안 들으면 엄만 화를 내요. 가끔 큰 소리로 야단치거나 때리기도 하죠. 어떤 때는 내 방에 혼자 있으라고도 하고요. 그래서 엄마가 화나면 정말 무섭답니다. 나도 엄마를 화나게 하고 싶지 않지만 항상 엄마 말대로만 따를 수는 없어요.

## 방해한다는 게 뭔지 알려주세요

엄마가 방해하지 말라고 했어요. 하지만 엄마, 엄마한테 말할 게 있어요. 동생이 '쉬' 마렵대요. 그런데 바지 단추를 풀 수가 없다잖아요. 이건 매우 중요한 일이거든요.

어떻게 하면 엄마의 주의를 끌 수 있나요? 엄마의 팔을 잡아당겨서 날 쳐다보게 해야 하나요? 방해한다는 게 뭔지 우리에게 얘기를 좀 해주세요. 엄마가 전화 통화하거나 다른 사람과 얘기하고 있을 때는 얘기가 다 끝날 때까지 기다려야 한다고 말해 주세요.

급한 경우나 다쳤을 때 같은 아주 급한 상황에서는 내가 머리 위로 크게 손을 휘저으면 엄마는 하던 일을 멈추고 곧장 나한테로 오셔야 해요. 그럼 엄마, 과자가 먹고 싶다거나 높은 곳에 있는 장난감을 꺼내고 싶은 경우도 급한 상황에 해당되나요? 아직도 난 알아야 하고 배워야 할 게 너무 많아요.

## 배려해 주면 다음번엔 잘할 수 있어요

장을 보러 가거나 외식을 하러 가기 전에 앞으로의 계획을 미리 말해 주세요. 지금 가려는 데가 어떤 곳이고, 거기에 가면 어떤 것들이 있으며, 그런 장소에서는 내가 어떻게 행동해야 하는지 등에 대해서 말예요. 엄마가 말씀하신 대로 해보려고 노력할게요.

하지만 내가 할 수 없는 것들을 강요하지는 말아주세요. 왜냐하면 난 어른이 아니거든요. 그래서 어른들처럼 음식이 나올 때까지 그렇게 오랫동안 가만히 앉아 있을 수가 없답니다. 네 살짜리 아이는 아마 대부분 그럴걸요?

오늘 아침엔 옷을 갈아입는 데 한참 걸렸어요. 방에 갔다가 내가 좋아하는 아기 공룡 장난감을 발견했거든요. 그래서 그만 옷 입는 걸 깜빡 잊어버렸어요. 죄송해요. 엄마도 그런 적이 있을 거예요. 갑자기 생긴 다른 일에 한눈팔지 않고 처음 계획한 일을 잘 끝낼 수 있게 도와주세요.

엄마한테 부탁하고 싶은 게 있어요. 오늘 낮에 주스를 마시다가 쏟았잖아요. 내가 일부러 그런 것도 아닌데 엄마가 등짝을 때리지 않으면 좋겠어요. 엄만 내가 맞으면 다음번에는 더 잘할 거라고 생각하나 봐요. 절대 그렇지 않답니다. 난 다음엔 주스를 쏟지 말아야겠다고 생각하는 게 아니라, 그저 나를 때린 엄마가 야속하다는 생각만 들어요. 그러니까 체벌 말고 다른 해결책을 찾아주세요.

내가 쏟은 주스를 닦을 수 있게 걸레를 주세요. 그러면 내가 깨끗

이 닦을게요. 제발 혼내지 말고 내가 행동할 때 조심하고 주의해야 하는 것들에 대해 차근차근 알려주면 좋겠어요. 그럼 다음번엔 틀림 없이 좀 더 잘할 수 있을 거예요. 정말이라니까요, 엄마!

 **체벌은 효과적인 방법이 아닙니다**

　　지금껏 많은 연구를 통해 알 수 있듯이, 체벌은 아이의 나쁜 습관을 없애고 긍정적인 행동을 강화시키기보다는 오히려 부정적인 영향을 줍니다. 또한 아이가 소리를 지르며 흥분해 있는 때일수록 엄마가 이성적이고 차분한 태도를 유지해야 아이를 더욱 빨리 달랠 수 있답니다. 엄마와 아이가 똑같이 흥분한 상태라면 상황을 해결하기가 점점 더 어려워질 뿐이에요. 엄마라도 먼저 차분함을 유지하도록 노력해야 한답니다.

# 도대체 과자는 언제 먹을 수 있는 거죠?

난 과자가 무지 좋아요. 매일 과자만
먹으면 좋겠어요. 과자 줄 때까지 계속
울고 떼쓸 거예요. 그럼 엄마가 줄 테니까요.

냠냠~

밥 싫어!

맛있다!

냠냠~

과자는 정말 맛있어요. 하지만 엄마는 아침 밥 대신에 과자를 먹을 순 없다고 해요. 그러면서 언제 먹어도 되는지는 말해 주지 않아요. 과자 한 번 먹으려면 내가 가진 에너지랑 시간을 몽땅 써야만 한다고요. 지금은 과자가 내 인생에서 너무나 중요한데 엄마는 그걸 잘 모르나 봐요. 엄마가 내 마음을 좀 알아주면 좋겠어요.

## 🧒 과자를 먹을 수 있는 특별 시간을 만들어주세요

과자를 먹을 수 있는 특별한 시간을 정해 주세요. 과자 먹는 시간을 정해도 처음 며칠 동안은 아무 때나 과자를 달라고 졸라댈지도 몰라요. 하지만 엄마가 말한 대로 과자를 약속한 시간에 먹을 수 있게 해주면, 과자 문제로 서로 실랑이를 하는 일은 점차 사라질 거예요. 나도 약속을 지켜야 한다고 생각하니까요!

### 🏷️ 육아솔루션 | 조금씩 자주 먹을 수 있게 해주세요

아이들은 어른들보다는 본능에 훨씬 충실합니다. 굳이 식사 시간이 아니라도 배가 고프면 뭔가 먹어야만 한답니다. 또한 아이들의 소화기관은 아직 완전히 발달하지 않았기 때문에 음식을 조금씩 자주 먹는 것이 좋습니다.

특히 많은 아이들이 밥보다 과자 등의 간식을 좋아하는데 무조건 먹지 못하게 하는 것보다 조금씩 먹을 수 있도록 규칙을 정하는 것이 효과적이랍니다. 과자를 줄 때는 아이의 기호에 맞는 것을 주되, 성분을 잘 살펴 아이가 해로운 먹거리에 입맛을 들이지 않도록 신경 써주세요.

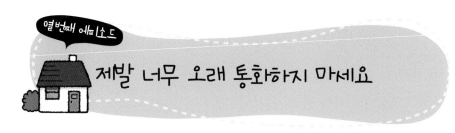

# 제발 너무 오래 통화하지 마세요

엄만 나보다 전화기를
더 사랑하나 봐요.
어떻게 그럴 수가 있죠?

깔깔깔!
호호호!

지루~

꼬르륵~

따분~

나 배고파요, 엄마! 하지만 엄마는 통화중이라 기다리래요. 조금만 기다리면 된다고 하지만, 지금 배가 많이 고프단 말예요. 어? 화장실에도 가야 할 것 같아요.

난 전화기가 대체 뭐하는 건지 모르겠어요. 전화기에서 '띠링띠링' 소리가 난다는 건 나도 알아요. 그럼 엄마는 나와 노는 걸 멈추고 전화를 받아요. 그러고는 한참 동안 얘기를 해요. 마치 나는 보이지 않는 것처럼요. 엄마, 전화 그만 하면 안 되나요? 내 장난감 전화기는 내가 원하면 언제든지 그만 할 수 있는데 말예요.

##  전화를 어떻게 거는지 알려주세요

엄마, 나랑 같이 별이 엄마한테 전화를 걸어봐요. 별이네 집 전화기를 울리게 하는 특별한 숫자를 함께 눌러 보는 거죠. 만약 별이 엄마가 집에 있다면 우리 전화를 받을 테고 그럼 우린 전화로 서로 얘기할 거예요. 전화기는 멀리 떨어진 사람들끼리도 얘기할 수 있게 만들어주잖아요. 별이가 우리 집에 놀러 올 수 있는지 한번 물어볼까요?

전화를 걸 땐, 먼저 그 집 전화번호 숫자를 누르고 누군가 전화를 받으면 상냥하게 인사하고 전화 건 사람이 누구라고 얘기하는 거라고 말해 주세요. 그 다음에 나랑 별이랑 통화할 수 있다고 알려주세요. 상냥한 목소리로 인사부터 한 다음 별이가 우리 집에 놀러 와도 좋은지 물어보라고 가르쳐 주세요. 내가 물어본 다음에 다시 엄마를 바꿔 줄게요.

엄마가 별이 엄마랑 통화가 다 끝나면 나도 작별 인사를 해야 하니까 내게 한 번 더 통화할 기회를 주세요. 이젠 어떻게 전화를 거는지 잘 알겠어요. 그럼 우리 진짜 전화 걸어요, 네?

참, 할머니한테도 전화할 수 있을 거 같아요. 하지만 내가 아무 때나 전화하면 안 되잖아요. 내 방에 있는 장난감 전화기는 내가 원할 때 언제든지 사용할 수 있지만, 거실에 있는 진짜 전화기는 어른들이 사용하는 거라고 말해 주세요.

내가 누구랑 통화하고 싶을 땐 엄마한테 먼저 허락을 받고 엄마랑 같이 전화할 수 있게 해주세요. 내 손이 쉽게 닿는 곳에 전화기를 놓진 마세요. 혹시라도 내 왕성한 호기심으로 인해 문제를 일으키긴 싫거든요.

### 🧒 나랑 같이 놀 땐 엄마 핸드폰을 꺼두면 좋겠어요

집에 전화기도 있지만, 엄마는 핸드폰을 많이 사용해요. 엄마는 핸드폰으로 전화를 걸기도 하고 받기도 하지요. 그런데 나랑 놀고 있을 때는 핸드폰을 꺼두면 좋겠어요. 내가 어린이집에서 돌아왔을 때, 아침에 잠에서 막 깨어났을 때, 그리고 저녁식사 시간에는 특히요. 이럴 땐 엄마가 나한테만 집중하면 좋겠어요. 핸드폰이 울리면 방해를 받거든요. 그러니까 엄마가 핸드폰을 진동으로 해두거나 꺼두면 좋겠어요. 그래야 엄마가 나한테 온전히 집중할 수 있으니까요.

엄마가 꼭 통화를 해야 할 때는 나한테 미리 "엄마 전화해야 하는

데 그 전에 필요한 게 있으면 말하렴." 하고 물어봐 주세요. 그럼 나는 내가 특별히 좋아하는 퍼즐을 맞추며 시간을 보낼 수도 있고, 아니면 재미있는 그림책을 보면서 엄마의 통화가 끝날 때까지 얌전히 기다릴 수도 있답니다.

엄마가 전화하고 있을 때는 가능한 말을 시키지 말라고도 해주세요. 왜냐하면 동시에 두 사람의 말을 잘 들을 순 없으니까요.

그리고 엄마가 꼭 필요하면 엄마 무릎에 앉아도 괜찮다고 말해 주세요. 전화가 끝나면 얼마 동안 나하고 놀아 주어야 하고요. 말없이 가만히 기다리는 건 제겐 무척 어려운 일이거든요.

그러니 엄마, 너무 오래 통화하진 말아주세요. 엄마랑 같이 하고 싶은 게 얼마나 많다고요!

## 아이와 함께 있을 땐 온전히 아이에게 집중해 주세요

엄마와 단둘이 있을 때 아이는 엄마가 온전히 자기에게 관심을 기울여주기를 바랍니다. 물론 많은 아이들이 전화를 재미있어 하고 수화기 너머로 들리는 목소리를 신기해하며 좋아합니다. 하지만 엄마가 전화 통화를 이유로 자신을 홀로 내버려두는 걸 달가워하는 아이는 없어요. 아이와 단둘이 있을 때는 가급적 긴 통화는 자제하는 것이 좋습니다.

꼭 통화해야 하는 경우에는 간단히 하고, 특히 아이와 함께 책 읽기나 놀이에 열중하고 있을 때는 아이의 집중을 방해하지 않는 것이 바람직합니다.

# 나도 모르게 텔레비전에 빠져들어요

난 피터팬이랑 뿡뿡이
그리고 뽀로로가 좋아요.

멍~

멍~

열중

235

텔레비전의 'TV 유치원'에서 오늘 'ㅅ' 글자가 나와요. 'ㅅ'은 내겐 특별해요. 왜냐하면 내 이름이 'ㅅ'으로 시작하거든요. 그게 끝나면 텔레비전에서 다음엔 '방귀대장 뿡뿡이'를 해요. 엄마, 또 봐도 되죠?

텔레비전은 정말 재미있어요. 여러 가지 색깔도, 재미있는 소리도 많이 나와요. 엄마도 좋아하시죠? 아침이면 텔레비전부터 켜시잖아요. 내 아침 일과는 잠에서 깨면 화장실에 다녀온 후 텔레비전을 보는 거예요. 그동안 엄마는 이것저것 집안일을 하느라 바쁘시죠.

그런데 엄마는 텔레비전을 켜놓고도 할 일을 다 할 수 있지만 난 그럴 수 없답니다. 텔레비전이 켜져 있으면 블록이나 퍼즐을 가지고 놀 수도 없고 책도 잘 못 보겠어요. 물론 다른 놀이도 할 수 없고요.

'TV 유치원'을 보면 글자나 수를 배울 수 있어요. 또 '방귀대장 뿡뿡이'에서 노래를 배우기도 해요. 하지만 보고 듣기만 하는 걸로 끝나요. 난 뭔가를 직접 하면서 배울 때 훨씬 더 잘 배울 수 있다는 걸 꼭 기억해 주세요.

 텔레비전을 볼 때 옆에 있어주세요

엄마, 왜 저 여자아이가 슬퍼하죠? 어디 다쳤나요? 아님 어디가 아픈 건가요? 텔레비전엔 내가 이해할 수 없는 것들이 너무나 많아요. 난 그 여자아이가 걱정되기 시작했어요. 무슨 일이 생긴 건가요?

엄마, 텔레비전을 볼 때는 내 옆에 앉아 나랑 이야기를 나누며 같이 봐주세요. 텔레비전에 나오는 피터팬이 사는 섬에 가보고 싶지 않은지 질문도 해주고 말이에요. 그럼 난 피터팬이 우리 집 창문으로 날아와서 날 데려가는 상상을 하며 상상력을 키울 거예요.

##  텔레비전 보는 것에 대한 규칙을 정해 주세요

텔레비전을 보다가 다른 놀이를 하는 건 쉽지 않아요. 그래서 텔레비전을 끄면 짜증이나 화를 내면서 야단법석을 떠는 거예요. 아무래도 텔레비전에 대한 규칙을 정하는 게 좋겠어요. 'TV 유치원'이 끝나면 엄마가 텔레비전을 끌 거라고 말해 주세요. 프로그램이 끝나갈 무렵 다시 한 번 말해 주세요. 그리고 내가 끌 건지 엄마가 끌 건지 결정하게 해주세요. 텔레비전을 끄고 나면 엄마가 나랑 재미있게 놀아줄 거죠?

 **무분별한 텔레비전 시청은 위험합니다**

텔레비전은 중독성이 강한 매체입니다. 또한 큰 문제는 커뮤니케이션이 거의 일방적으로 이루어진다는 점이에요. 엄마의 편의를 위해 아이를 홀로 텔레비전 앞에 앉히고 시청 시간을 무분별하게 늘리면 어떻게 될까요? 어느새 텔레비전의 강한 자극에 중독되어 책과 같은 순한 자극의 매체에는 관심을 갖지 않게 됩니다.

텔레비전은 시청 시간을 제한하고, 시청할 때는 엄마나 아빠가 함께하며 프로그램의 내용을 가지고 상호작용할 수 있도록 노력해야 한답니다.

part 09
엄만 왜 동생만
좋아해요?

**동생이 생겼다고요?** 그럼 이제 난 형이 되는 건가요? 그런데 형이 되는 건 생각보다 별로 신 나는 일이 아닌 것 같아요. 엄마도 아빠도 또 주변의 다른 사람들도 이젠 나보다 동생한테만 더 관심을 보이네요. 내가 말썽을 부리거나 아기처럼 행동하면 나한테도 관심을 가져주실까요?

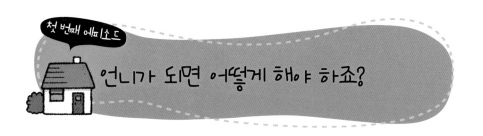

# 언니가 되면 어떻게 해야 하죠?

엄마 배가 왜 이렇게
불룩해졌어요?

햐~

신기!

신기!

240

엄마, 어디 아파요? 그래서 자꾸 앉아서 쉬기만 하는 건가요? 나랑 같이 퍼즐 놀이 해요. 엄마한테 무슨 일인가 생긴 것 같긴 한데 그게 뭔지 잘 모르겠어요. 그게 내가 언니가 되는 것과 상관이 있는 것 같아요.

엄마가 그러셨어요, 곧 아기가 생길 거라고요. 근데 그게 무슨 뜻인가요? 그럼 나한텐 어떤 일들이 벌어지죠? 아기가 생기면 내 삶이 달라지나요? 그걸 설명해 주면 좀 더 쉽게 이해할지도 몰라요.

민지 엄마도 전에 아기를 가졌대요. 그래서 민지는 "난 이제 언니가 되었어요."라고 쓰인 셔츠를 선물받았대요. 나도 그런 셔츠를 받게 되나요?

 ## 아기들이 어떤 존재인지 말해 주세요

민지의 아기 동생은 늘 울기만 해요. 우리 아기도 그럴까요? 우리 아긴 나랑 인형 놀이를 같이 할 수 있을까요? 언니가 된다는 건 어떤 거예요? 언니가 되면 어떻게 해야 하죠? 아기가 태어나는 내용의 그림책을 읽어주세요.

아기에 대한 그림이나 사진이 있으면 아기가 뭘 할 수 있고, 또 뭘 필요로 하는지도 알 수 있을 거예요. 만약 아기가 울면 언니인 나는 어떻게 하죠? 옛날에 엄마가 나한테 미키마우스 그림을 보여주니까 울음을 딱 그쳤다고 했잖아요. 아기 동생한테도 그렇게 하면 될까요? 그런데 엄마, 미키마우스 얘기를 또 듣고 싶어요. 난 아직도 미키마우스가 좋답니다.

내가 아기였을 때 엄마가 날 품속에 꼭 안아주었던 이야기랑 우유를 먹여주었던 이야기, 또 기저귀를 갈아주었던 이야기들도 다시 듣고 싶어요. 갓난아기여서 혼자서는 아무것도 할 수 없었던 날 위해 엄마랑 아빠 그리고 다른 가족들이 따뜻하게 보살펴주었다는 이야기도 들려주세요. 그런 다음엔 날 꼭 껴안아주어야 해요.

내가 아기였을 때도, 세 살이었을 때도, 네 살인 지금도 여전히 사랑하고 있다고 말해 주세요. 또 앞으로도 계속 영원히 사랑할 거라는 말도 꼭 해주세요. 아기가 태어나도 말이에요!

 ## 나도 함께 동생을 맞이하고 싶어요

아기 방 꾸미는 걸 도울 수 있게 해주세요. 그런 게 바로 언니가 해야 할 일이거든요. 아기들에 대해서 나도 잘 알아요. 내 생각엔 우리 아기는 코끼리 장난감을 좋아할 것 같아요. 동생을 위해 사주실 거죠? 그런데 내 동생은 여자 아이일까요, 남자 아이일까요? 만약 엄마 아빠가 알고 있다면 내게도 미리 알려주면 좋을 것 같아요. 나도 마음의 준비를 해야 하거든요.

 ## 병원에 가기 전에 꼭 알려주세요

언제 진짜 동생이 생기나요? 그럼 우리 모두 병원에 가야 하나요? 아기가 태어날 때 무슨 일이 일어날지 미리 말해 주세요. 엄마 아빠가 급히 병원에 가느라 날 제대로 챙기지 못하게 되면 아주 겁나고 무서울 것 같아요.

엄마가 날 매우 사랑한다는 것과 이제 곧 동생이 생기면 두 아이의 엄마가 되어 정말 기쁘다는 말도 꼭 해주세요.

 **동생맞이에 적극 참여시켜 주세요**

동생이 생긴다는 건 아이 생활에 커다란 변화가 생긴다는 걸 의미해요. 엄마의 몸이 무거워지고, 예전처럼 자기와 활발하게 놀아주지도 못하며, 자신에게 몰렸던 관심이 다른 쪽으로 가고 있다는 생각이 들면 아이는 점점 불안해집니다. 이런 경우에는 동생맞이에 아이를 적극적으로 참여시키는 것이 좋답니다.

그리고 언니나 형으로서 동생을 위해 해줄 수 있는 역할을 부여해 주세요. 동생이 태어나기 전부터 준비하는 과정에서 아이 능력에 맞게 감당할 수 있는 책임을 부여하면 그 과정에서 자신을 주변인이 아닌 주체로 인지한답니다. 그러면서 형과 언니로서의 자부심도 느낄 수 있지요. 한편으로는 동생이 태어나도 엄마 아빠가 변함없이 사랑해 줄 거라는 믿음과 확신을 주어야 한답니다.

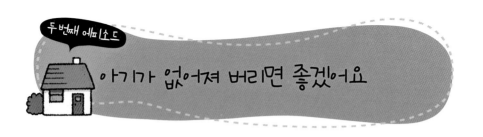

두 번째 에피소드

# 아기가 없어져 버리면 좋겠어요

아기 내려놔요.
엄마는 내 엄마란 말예요.
엄마를 그 아기랑 나누기 싫어요.
싫다고요!

싫어~

응!!

244

난 내 걸 다른 사람과 나누는 게 진짜 싫어요. 더구나 나한테 아주 특별한 걸 나누는 건 더욱 싫단 말예요. 아기가 태어나기 전에는 엄만 온전히 나만의 것이었어요. 엄마는 나한테 책도 읽어주었고, 나랑 춤도 추었어요. 내가 '아야' 하면 꼭 끌어안고 '호호'도 해주셨잖아요.

그런데 지금 엄마는 아기를 안고 있거나, 아기에게 젖을 먹이거나, 아기하고만 얘기를 해요. 난 혼자서 장난감들을 가지고 놀아야 하는데, 아직은 혼자 오래 노는 게 힘들어요.

나도 엄마가 간절히 필요해요. 간식이 먹고 싶은데 혼자 알아서 챙겨먹을 순 없잖아요. 이 동물 퍼즐을 맞추려고 하는데 아무리 해도 맞지가 않아요. 점점 짜증이 나고 대체 뭘 어떻게 해야 할지 모르겠어요. 아기가 없어져버리면 좋겠어요. 엄마한테는 나만 아기였으면 좋겠다고요!

## 좋은 형이 될 수 있게 도와주세요

할머니가 "동생이 생기니까 정말 좋지? 동생한테 뽀뽀해 주렴." 하고 말씀하셨어요. 쳇, 난 동생한테 뽀뽀하기 싫어요. 오히려 콱 깨물어버리고 싶어요. 왜 모든 사람이 아기만 예뻐하는 거죠? 아기는 맨날 먹고 자고 울기만 하는데 말예요. 그 녀석이 밤에 울면 시끄러워서 난 잠도 제대로 잘 수가 없다고요.

엄마, 날 꼭 안아준 다음 아기란 원래 이런저런 많은 노력이 필요한 존재라는 걸 말해 주세요. 처음엔 아기 때문에 힘들어할 수 있다는 것도요. 동생 때문에 짜증이 나거나 화가 날 때면 그런 내 기분을 솔직하게 엄마한테 말할 수 있게 해주세요. 그럴 때 엄마는 내가 하는 말에 귀기울여 주셔야 해요.

## 나한테도 관심을 가져주세요

엄마 친구들이 아기를 보러 왔어요. 글쎄 날 보러 온 게 아니지 뭐예요. 아기한테 줄 선물도 잔뜩 가져오셨네요. 이모들은 내가 옆에 있는데도 본체만체하고 아기만 봐요. 나도 관심을 받고 싶어요. 그래서 말 흉내를 내며 여기 저기를 뛰어다녀 봤지만 아무도 날 쳐다봐주지 않는 거예요. 그래서 아기 공갈 젖꼭지를 입에 물었죠. 아기처럼요! "어머, 쟤 좀 봐!" 이제야 날 조금씩 봐주네요.

하지만 내가 관심을 끌기 시작한 지 몇 초도 지나지 않았는데 엄마가 날 야단치면서 내 방에 혼자 두고 나가버렸어요. 모두들 "나 좀 봐주세요!"라는 간절한 소리가 들리지 않나요? 이모들은 이제 더 이상 날 사랑하지 않나 봐요. 나에게도 관심을 가질 수 있게 엄마가 도와주면 안 되나요?

관심을 끌자고 개구쟁이 짓 하는 건 나도 정말 싫어요. 나도 끼어주세요. 이모들을 아기가 있는 방으로 내가 직접 안내해 드리는 건 어때요? 아님 아기랑 나랑 찍은 사진을 보여주는 건요?

## 내 차례도 있다는 걸 알려주세요

아기가 울기 전까지 엄마와 나는 함께 책을 보고 있었어요. 엄마, 다시 돌아오세요. 아직 다 안 끝났잖아요. 이럴 땐 엄마가 곧 올 테니까 다음 읽을 페이지를 잘 보고 있으라고 말해 주세요.

할머니가 아기는 많은 보살핌이 필요하다고 하셨어요. 울면 배가 무지 고픈 거고 또 참을 줄 모른다는 거예요. 우는 걸 보니 몹시 배가 고픈가 봐요. 얼른 우유 주고 오세요. 난 형이니까 기다릴 수 있거든요. 그렇지만 꼭 나랑 다시 놀아주어야 해요, 엄마! 오늘은 우리 함께 이불로 요새를 만들어요. 또 할머니가 그러셨는데요, 아기도 크면 자기 순서를 기다릴 줄 알게 될 거래요.

 ## 아이의 소외감과 퇴행을 이해해 주세요

새로 갓난아기가 태어나면 아무래도 이전과 달리 가족들의 관심이 모두 아기에게 쏠리게 됩니다. 언제나 사랑과 관심의 중심에 있던 아이는 소외감을 느끼기 쉽지요. 이런 소외감으로 인해 아기 때 하던 행동을 하면 관심을 끌까 싶어 퇴행 현상을 보이는 경우도 있답니다.

이럴 때 아이가 보이는 퇴행 현상을 비난하지 말고 이해해 주세요. 또 네 살짜리의 눈높이에 맞춰 형과 언니라서 유리하고 좋은 점을 깨달을 수 있도록 이야기해 주세요. 예컨대 아기는 아직 과자와 아이스크림을 먹을 수 없지만, 너는 형이라서 먹을 수 있다는 것 등의 이야기를 말예요.

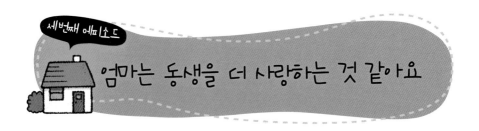

# 엄마는 동생을 더 사랑하는 것 같아요

"누가 먼저 시작했니?"
"쟤요!"

네! 이~ 씨~

엉아가……
힝!

248

오늘 아침에 동생이 내 장난감을 빼앗더니 돌려주지 않는 거예요. 그래서 화가 나서 동생을 밀어 넘어뜨렸어요. 사실 녀석이 내 옆에 너무 바싹 붙어 있었거든요. 그것 때문에 난 엄마한테 야단맞았죠. 하지만 내가 민 건 순전히 동생 때문이라고요. 걘 항상 날 못살게 굴고 힘들게 해요. 엄마도 나보다 동생을 더 사랑하는 것 같아요.

엄마는 "그만 싸워! 엄만 둘이 사이좋게 노는 걸 보고 싶단다."라고 해요. 난 동생을 사랑해야만 하고요. 음…… 사랑하긴 해요. 그런데 사랑한다고 늘 사이좋게 지내야 하는 건가요?

그럼 동생이 내 장난감을 빼앗거나 날 바보라고 놀려도 참아야만 하나요? 함부로 내 의자에 앉는 것도 그냥 내버려 두라고요? 싫어요! 엄만 내가 그저 참고 양보하기를 바라지만, 이건 나한테도 중요한 일이랍니다.

 ## 조금만 참고 내 말에 귀기울여 주세요

"그 블록 내놔!", "안 돼, 내가 가지고 놀 거야!", "넌 더 큰 블록 있잖아!" 동생이랑 나는 늘 이런 식으로 투닥거려요. 그러면 엄마는 소리를 지르며 화를 내시죠. 엄마, 제발 블록들을 치우지 마세요. 우리가 소리친다고 해서 꼭 싸우는 건 아니거든요.

엄마가 잠깐 모른 척하시면 얼마 안 가서 우리끼리 해결책을 찾을 거예요. 어쩜 동생이 내게 블록 집을 짓는 새로운 아이디어를 줄지도 모르고요, 블록 말고 동물농장 놀이를 할지도 모르죠.

우리가 시끄럽게 떠드는 건 너무 신경 쓰지 마세요. 대신에 동생이 날 아프게 하면 그땐 기다리지 마시고 곧장 달려와 주세요. 엄마의 도움이 필요한 순간이니까요.

 ## 비난하기보다는 해결책을 찾도록 도와주세요

동생하고 내가 싸우게 된다고 해서 모두 내 잘못만은 아니에요. 만약에 엄마가 동생은 내버려두고 나만 벌주면, 난 내가 받은 만큼 동생한테 돌려주고 말 거예요. 못 믿겠으면 어디 두고 보세요.

엄마가 그러실 때마다 나는 내 편이 없다는 생각에 슬프고 화가 나요. 그러니까 동생은 항상 날 화나게 만드는 존재가 되는 거죠.

그리고 엄마가 화난 목소리로 "누가 먼저 시작했니?"라고 물어보는 것도 정말 무섭고 싫어요. 그렇게 화만 내지 말고 우리가 스스로 해결책을 찾을 수 있게 도와주세요.

먼저 우리 둘 다 차례로 무슨 일이 있었는지 말하게 해주세요. 내가 얘기할 땐 동생한테 조용히 하라고 말해 주시고요. 그 다음 동생이 말하면 되는 거죠. 다 들은 후에는 "알겠다. 그러니까 네가 블록 놀이를 하고 있었고, 블록들이 더 필요했는데 형이 네게 블록을 주지 않았구나."라고 문제에만 초점을 맞춰주세요.

마지막으로 그럼 어떻게 하면 좋겠는지를 우리한테 물어봐 주세요. 우리가 머리를 맞대고 생각을 해보면 좋은 방법이 떠오를지도 모르잖아요. 우리 스스로 해결하기 어려운 일이라면 그땐 엄마가 해결책을 말해 줘도 좋아요.

때때로 동생한테 너무 화가 나서 아무 말도 들리지 않고 생각조차 할 수 없을 때가 있어요. 그런 경우엔 "너희 둘 다 너무 화가 나서 이 문제를 당장 해결하긴 어렵겠구나. 마음이 진정될 때까지 둘 다 방에 가서 있는 게 좋겠다. 기분이 좀 나아졌다고 생각되면 언제든 나와도 된다."라고 말해 주세요.

## 육아솔루션 | 차별하지 말고 차이를 인정해 주세요

열 손가락 깨물어 안 아픈 손가락이 없다지만, 엄마 아빠도 사람이기에 아이를 키우면서 언제나 똑같이 공평하게 사랑하기란 거의 불가능합니다. 똑같이 사랑해 줄 수 없음을 한탄하기보다 아이 각자가 가진 고유한 기질과 개성을 바탕으로 차이를 인정해 주세요.

또한 형제나 자매 사이에 갈등이 있을 경우 이를 중재할 것인지 또는 아이들끼리 해결하게 내버려둘 것인지를 잘 판단해야 합니다. 작은 갈등은 아이들끼리도 얼마든지 해결할 수 있답니다. 꼭 중재를 해야 하는 경우라면 아이들 각자의 입장을 모두 찬찬히 귀기울여 들어주고, 어느 한쪽에 일방적인 책임을 묻지 않도록 반드시 중립을 지켜주세요.

part **10**

# 규칙을 지키는 게 나한테도 좋은 거죠?

"**난 착한 아이가 되고 싶기 때문에** 엄마가 말씀하신 규칙들도 척척 잘 지키고 싶답니다. 그런데 자꾸 헷갈려요. 또 어딘가에 정신이 팔려 있을 땐 규칙들이 까맣게 기억나지 않아요. 엄마, 내가 규칙을 잘 지킬 수 있게 도와 주세요. 난 아직 네 살이라 그 많은 규칙들을 일일이 기억할 수 없거든요."

# 규칙이란 건 왜 꼭 지켜야 하죠?

개 꼬리를 잡아당기면 안 돼.
어른 없이 혼자 길을 건너서는 안 돼.
저녁 먹기 전에 과자를 먹으면 안 돼.
거실에서 뛰면 안 돼.

모두 안 돼, 안 돼, 안 돼. 쳇!

난 규칙이란 게 너무 싫어요. 왜 이렇게 지켜야 할 규칙들이 많은 거죠? 꼭 나는 규칙들을 어기기 위해서 사는 아이 같단 말예요. 그렇지만 이것만은 알아주세요. 엄마를 화나게 하려고 일부러 규칙을 어기는 게 아니랍니다.

그냥 나는 내 인형을 위해 집을 만들어주고 싶었고, 내 인형을 눕힐 이불이 필요했을 뿐이라고요. 거기에 너무 정신이 팔리다 보니 엄마 허락 없이 이불장에 있는 이불을 마음대로 꺼내서는 안 된다는 규칙이 생각나지 않은 것뿐이에요.

그런데 규칙이란 게 뭐죠? 엄마는 허락 없이 이불장에 있는 이불을 마음대로 꺼내서는 안 된다는 게 규칙이라고 하셨어요. 하지만 전에 별이가 우리 집에 놀러왔을 때 이불을 꺼내서 요새를 만들었는데, 그때는 엄마가 화를 내지 않으셨잖아요.

혹시 규칙이란 건 매일매일 변하는 건가요? 오늘은 지켜야만 하는 규칙이지만, 내일은 지키지 않아도 되는 건가요?

지켜야 하는 중요한 것들을 정해서 규칙 목록을 만드는 건 어떨까요? 종이에 써보면 더 좋을 것 같아요. 그런 다음 그 규칙을 우리 가족 모두가 매일매일 꼭 지키는 거예요.

##  규칙들이 왜 필요한지 설명해 주세요

규칙들은 우리에게 해도 좋은 일과 해서는 안 되는 일이 무엇인지 알려준다는 걸 가르쳐주세요. 그래서 우리 집에도 우리 가족의 안전과 행복을 지키기 위한 규칙들이 있다는 것도 말해 주고요. 길을 건널 때는 꼭 어른들과 함께 건너야 한다는 것과 차를 탈 때는 꼭 안전벨트를 해야 한다는 것들 말예요. 또 사람들뿐 아니라 동물들이나 내가 좋아하는 장난감 또는 엄마의 가방과 같은 개인적인 물건들에 대한 규칙도 있다는 걸 자세히 알려주세요.

우리 집엔 개 꼬리를 잡아당기면 안 된다는 규칙이 있잖아요. 그이유는 개 꼬리를 잡아당기면 개가 아프고, 사람이든 동물이든 다른 누군가를 아프게 하는 건 좋은 일이 아니니까요. 엄마가 말해 줘서 나도 잘 알고 있어요.

그럼 밥 먹기 전에 과자를 먹어선 안 된다는 규칙은 왜 있는 거죠? 그건 개도 나도 아프게 하는 게 아닌데 말예요. 아하, 밥 먹기 전에 과자를 먹으면 밥맛이 없어지기 때문인가요?

규칙이란 게 꼭 네 살짜리 아이만을 위해 있는 게 아니라 어른들도 꼭 지켜야 하는 규칙이 있다는 것도 말해 주세요. 예를 들면 차에는 특별한 벨트가 있는데 차를 탈 때마다 꼭 이 벨트를 매야 하는게 규칙이라고 얘기해 주세요. 벨트가 차를 타는 동안 우리의 안전을 지켜주기 때문이라는 것도요.

엄마가 차를 운전하기 전에 운전에 필요한 여러 가지 규칙들을 배웠다는 것도 말해 주면 좋을 것 같아요. 빨간불이면 멈추었다가 초록불로 바뀌면 다시 가는 것이 규칙이고, 만약 빨간불인데도 멈추지 않는다면 다른 차량 부딪혀서 차와 사람 모두 크게 다칠 수 있다는 것도 가르쳐주세요.

##  규칙을 너무 많이 만들지는 말아주세요

네 살짜리 아이는 끊임없이 여기저기 움직이며 돌아다녀야 해요.
실험 정신과 창의력이 왕성한 나이죠. 그렇기 때문에 너무 많은 규칙
에 얽매이는 건 좋지 않답니다.

큰이모네 집엔 이런저런 규칙들이 너무나 많아요. 그래서 잠깐이
라도 엄마 곁을 떠나 한눈을 팔았다간 금세 큰일이 벌어지곤 하죠.
그리고 내가 규칙을 어길 때마다 큰이모는 잔뜩 인상을 찌푸리곤 해
요. 어떨 때는 나한테 소리도 지르시죠.

큰이모, 난 절대 나쁜 아이가 아니에요. 그저 네 살짜리 평범한 아
이랍니다. 엄마, 큰이모 집엔 앞으로 가지 말아요!

뽀삐랑 놀고 싶어서 꼬리를 잡아당겼어요. 엄만 개 꼬리를 잡아당
기면 안 된다며 야단치셨죠. 네, 알았어요. 그럼 안 되는 일 말고 내
가 할 수 있는 건 뭐죠?

꼬리를 잡아당기는 대신 공을 던지면서 놀면 된다고 말해 주세요.
그리고 엄마가 뽀삐한테 어떻게 공을 던지는지도 보여주고요. 아하,
그렇게 하는 거구나! 그런데 엄마, 그럼 공놀이는 어디서 하나요? 집
안에서 해도 되나요?

엄마, 이 많은 규칙들을 모두 지키려니 너무 힘이 들어요. 너무 많아서 어떤 때는 규칙들이 잘 생각나지도 않아요. 또 어떤 날은 어제와 똑같은 규칙을 오늘도 여전히 지켜야 하는지 알아내려고 엄마를 시험해 보기도 해요.

밥 먹기 전에는 과자를 먹으면 안 된다는 규칙을 알면서도 할머니 집에서는 과자를 먹었어요. 내가 제일 좋아하는 초콜릿 과자였거든요. 규칙을 지키려면 많은 유혹을 참아야 하나 봐요.

내가 어떤 행동을 하기 전에 엄마가 미리 규칙을 한 번 더 말해 주면 규칙을 기억하기가 훨씬 쉬울 거예요. 예컨대 내가 뽀삐의 꼬리를 막 잡아당기려고 하는 걸 엄마가 봤다면 "뽀삐랑 놀 때 지켜야 하는 규칙이 뭐더라?"라고 물어봐 주세요. 그럼 난 아마도 "꼬리를 잡아당기면 안 되는 거요!"라고 대답할 거예요.

혹시 내가 규칙을 어기게 되더라도 무작정 소리지르며 무섭게 야단치지 말아주세요. 그러면 너무 당황스럽고 나도 모르게 화가 나서 규칙이 뭐였는지, 왜 엄마가 나한테 이러는지 아무런 생각도 나지 않을 거예요.

공을 주우러 길을 막 뛰어다닐 때도 거리에서의 규칙을 차근차근 다시 말해 주세요. 그런 행동이 위험한 이유는 운전자들에게는 작은 아이들이 잘 보이지 않기 때문이라는 걸 설명해 주세요. 그래서 잘못하면 큰 사고가 나서 많이 다칠 수 있다는 것도 꼭 알려주세요.

길에서 마구 뛰어다니면 밖에선 더 이상 놀지 않고 집으로 들어갈 거라고 살짝 으름장을 놓는 것도 효과가 있을 거예요. 규칙이 중요하긴 하지만 너무 많으면 기억하기가 어려워요. 꼭 필요한 규칙부터 차근차근 알려주세요.

 ## 아직은 너무 많은 규칙을 감당할 수 없는 나이랍니다

세상에는 지켜야 할 수많은 규칙들이 있고, 살다 보면 이러한 규칙들과 어쩔 수 없이 맞닥뜨려야 합니다. 하지만 네 살짜리에게 벌써부터 어른과 똑같은 규칙을 적용해 봐야 받아들여지지도 않을뿐더러 수긍한다고 해도 지켜낼 역량이 없답니다.

하지만 특정 상황에서 꼭 지켜야 할 규칙이 있다는 것은 아이에게 알려줄 필요가 있습니다. 아직은 아이가 감당하기 힘든 여러 가지 규칙에 얽매여야 하는 상황에 많이 노출되지 않도록 엄마가 신경을 써 주세요. 아이가 감당할 수 있는 수준에 맞춰 중요한 규칙들부터 차근차근 지켜 나갈 수 있도록 도와주어야 한답니다.

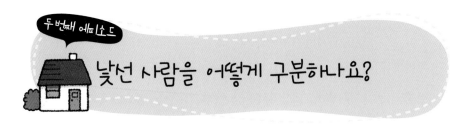

# 낯선 사람을 어떻게 구분하나요?

엄마, 저 할아버지하고
　말하지 마세요.
　이상한 사람 같아요.

이리 온!

움찔~

260

엄마는 나한테 낯선 사람하고는 말하지 말라고 했어요. 낯선 사람이란 우리가 모르는 사람들이고, 또 나쁜 일들을 할지 모른다고요. 그런데 왜 엄만 그 모르는 할아버지하고 얘기하는 건데요?

정말 혼란스러워요. 도대체 어떻게 낯선 사람과 그렇지 않은 사람을 구분하죠? 내 이름을 아는 사람이라면 내 친구인가요? 슈퍼마켓 아줌마는 낯선 사람인가요? 세탁소 아저씨는요? 그 아저씬 만날 때마다 인사하고 가끔 사탕도 주시는데요. 얼마나 알아야 낯선 사람이 아닌 거죠?

아무래도 엄마랑 좀 더 많은 얘기를 해야 할 것 같아요. 낯선 사람들에 대한 규칙은 네 살짜리가 이해하기엔 너무 어렵고 혼란스럽거든요. 내가 이해할 수 있게 설명을 해주세요.

 늘 먼저 물어보고 행동하게 해주세요

내가 누군가와 어디를 갈 때는 엄마나 아빠 또는 선생님한테 꼭 확인을 받아야 한다는 걸 가르쳐주세요. 어린아이를 돌보는 모든 어른은 아이들을 안전하게 지켜줄 의무가 있기 때문이라는 것도 말해주세요.

그리고 내가 어디에 있는지 어른들이 항상 알아야 한다는 것도 주지시켜 주세요. 엄마랑 함께 공원에 가면 엄마가 내 안전에 대한 책임이 있고, 내가 민이 집에 놀러 갔을 땐 그 집 어른들이 내 안전을 돌봐야 한다는 것도 설명해 주세요. 그래서 내가 무엇을 하고 어디를 갈 때는 항상 어른들에게 말해 두는 습관이 몸에 배도록 도와주세요. 물론 내가 함께 가도 되는 사람인지 아닌지는 엄마가 결정해 주셔야 해요. 엄마가 괜찮다고 하면 정말 괜찮은 거잖아요.

세탁소 아저씨가 사탕을 줄 때는 엄마가 내 옆에 같이 있고 또 아저씨가 엄마한테 내게 사탕을 줘도 되는지 물어보셨으니까 먹어도 괜찮은 거죠? 좋아요. 그럼 다음에도 엄마랑 같이 세탁소에 또 갈래요.

우리 집 앞에 서 있는 차 안의 아저씨가 주는 사탕이나 장난감을 받아도 되는지 나한테 물어봐 주세요. 대답은 "안 돼!"라는 걸 나도 잘 알아요. 그런 경우엔 먼저 엄마한테 가서 물어봐야겠죠. 그게 규칙이니까요.

대부분의 사람은 좋은 사람들이지만, 세상엔 나를 해칠 수 있는 나쁜 사람들도 있다는 걸 알려주세요. 규칙을 지키는 건 매우 중요하고, 그래야만 내 안전을 지킬 수 있다는 사실을 배울 수 있게 도와주세요.

 길을 잃었을 때 어떻게 해야 하는지 알려주세요

엄마랑 외출하면 대부분 난 엄마 옆에 꼭 붙어 있어요. 하지만 만약 엄마를 잃어버리면 어떡하죠? 낯선 사람들하고는 말을 하면 안 되는데 그럼 누가 날 도와주나요?

만약 내가 길을 잃어버렸다면 반드시 엄마나 다른 누군가가 날 찾아올 거란 걸 꼭 기억하라고 말해 주세요. 그러니까 엄마를 잃어버린 장소를 떠나 혼자 여기저기 돌아다녀서는 안 된다는 걸 가르쳐 주세요.

만약 엄마랑 쇼핑을 갔다가 엄마를 잃어버렸다면 그곳에서 일하는 직원을 찾아 상황을 말하고 내 이름과 엄마의 이름을 알려주라고 얘기해 주세요. 직원들은 대개 똑같은 옷을 입고 있으니까 구별하기 쉬울 거라고도 말해 주세요. 그럼 그들이 엄마를 찾아줄 수 있는 사람에게 데려다 줄 거고, 난 엄마가 올 때까지 씩씩하게 기다리기만 하면 될 거라고 알려주세요.

만약 직원이 누군지 모르겠거든 내 또래의 아이와 함께 온 다른 엄마한테 이야기하면 된다고 가르쳐주세요. 그럼 그 아이의 엄마가 날 직원에게 데려가 엄마를 찾을 수 있게 도와줄 테니까요.

## 스스로 몸을 보호하는 법을 가르쳐 주세요

어떤 때는 껴안는 게 좋지만 어떤 때는 싫어요. 별이네 아저씨는 내가 집에 돌아오기 전에 항상 뽀뽀하고 껴안아주는데 사실 난 그게 싫어요. 왠지 느낌이 좋지 않거든요. 그냥 손만 흔들면 안 되는 건가요? 내 몸과 관련된 것은 내가 결정하게 해주세요.

뽀뽀나 껴안는 것 같은 좋은 접촉도 있지만, 때리거나 발로 차는 것 같은 나쁜 접촉도 있다는 걸 이야기해 주세요. 또 옳지 않은, 편안하지 않은 접촉에 대해서도요.

내 몸은 내 것이니까 내가 원하지 않을 땐 언제라도 거절할 수 있다고 말해 주세요. 상대가 엄마라고 할지라도요. 그럼 "싫어요!"라고 말하는 게 훨씬 편해지고 적절한 순간에 옳은 결정을 하는 데 많은 도움이 될 거예요.

물론 엄마가 항상 옆에서 날 지켜줄 테지만, 혹시라도 누군가가 날 불편하게 만졌다면 꼭 엄마에게 말하라고 가르쳐주세요. 숨어서 몰래하는 접촉은 나쁜 것이니까요. 우리 가족은 늘 이러한 부분에 대해서 편하게 얘기할 수 있어야 해요.

 ### 스스로를 보호할 수 있게 도와주세요

아이 혼자 낯선 사람과 함께 있는 경우는 없어야겠지만, 만약을 대비해 낯선 사람을 대하는 법을 알려줘 스스로를 보호할 수 있게 해야 합니다. 아이들이 처하게 될 수도 있는 특정한 상황을 예로 들어 이럴 땐 어떻게 행동하는 것이 좋다는 식으로 알아듣기 쉽게 차근차근 이해시켜 주세요.

세번째 에피소드

# 어린이집은 재미있는 곳인가요?

엄만 내가 네 살이 되었으니까 이젠
어린이집에 가야 한다고 해요. 어린이집 선생님은
내가 트럭 놀이를 제일 좋아하는 걸 알까요?
어린이집에도 장난감 트럭이 있나요?

안녕~

머뭇

궁금

난 가만히 앉아 있는 걸 잘 못하는데, 어린이집에 서는 가만히 앉아 있어야 하나요? 별이네 형은 학교에 가는데 나도 같이 학교에 가면 안 되나요? 별이가 그러는데, 형이 학교에서 그려온 그림이 자기네 냉장고에 붙어 있대요.

어린이집에 가면 나도 제일 좋아하는 노란색이랑 빨간색으로 그림을 그릴 수 있나요? 어린이집에 있는 선생님들은 잘 웃으시나요? 난 잘 웃는 사람들이 좋아요. 인상을 찌푸리면 무섭거든요. 어쩜 어린이집은 좋은 곳일 수도 있겠네요. 다른 아이들과 함께 노는 건 재미있으니까요.

### 재미있게 지낼 수 있는 어린이집에 보내주세요

가만히 앉아서 선생님 말씀을 들어야만 뭘 배우는 건 아니에요. 난 놀이를 통해서 배울 때가 가장 재미있고 신나요. 블록들로 높은 탑을 쌓을 때는 모양과 균형에 대해서 배워요. 놀이터에선 큰 컵에 모래를 채울 때 작은 컵에 채우는 것보다 훨씬 시간이 많이 든다는 걸 배우고요.

여러 가지 옷을 입어보면서 아빠도 되고, 소방관도 되고, 요리사가 되기도 해요. 물감 놀이를 할 땐 색들이 섞여 또 다른 색이 만들어지는 걸 배운답니다.

나한테 필요한 건 충분한 시간과 마음껏 놀 수 있는 공간, 그리고 재미있고 다양한 활동들이에요. 거기다 "여기에 초록색을 섞으면 어떻게 될까?"라고 제안을 해주는 어른들이 주위에 있으면 더 좋겠죠.
뭔가를 배운다는 건 정말 신 나는 일이에요.

 ## 좋은 선생님이 필요해요

어린이집에서 잘 지내려면 선생님이 중요해요. 날 보고 크게 웃어
주면서 밝고 사랑스러운 목소리로 "안녕!" 하고 인사해 주는 선생님
이 좋거든요. 또 아이들 말에 귀기울여 잘 들어주어야 하고요.

내가 부르는 소리를 듣고 곧장 달려와 주는 선생님이 좋아요. 다
른 아이가 내 장난감을 빼앗아 가버리면 어떻게 해야 할지 물어봐야
하거든요. 그럴 땐 화가 나서 그 애를 콱 깨물어버리기도 하죠. 어쩜
선생님이 내가 그 애한테 "안 돼, 내 장난감을 가져 가지 마!"라고 말
하는 법을 가르쳐줄지도 몰라요.

## 육아솔루션 | 어린이집을 너무 강요하지는 마세요

어린이집에 가게 되면 이제 본격적인 또래 집단과의 사회 생활이 시작되었
다고 할 수 있어요. 어린이집을 선택할 때는 내 아이를 믿고 맡길 수 있는 선
생님들이 있는지 잘 살펴야 합니다.

그리고 아직은 서툰 대인 관계로 인해 잦은 다툼이 벌어질 수도 있고, 다른
아이들과 어울리면서 나쁜 말이나 행동을 금세 배워오기도 할 거예요. 따라서
너무 어릴 때부터 사회성을 기르기 위한 목적으로 무작정 어린이집에 보내는
건 바람직한 선택이 아니라는 점을 기억하세요.

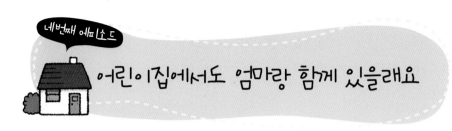

# 어린이집에서도 엄마랑 함께 있을래요

엄마가 어린이집에서도
나랑 같이 놀았으면
좋겠어요.

엄마,
가지 마아!

왜 저래?

엄마는 어린이집이 아주 멋지고 굉장한 곳이라고 하지만 난 잘 모르겠어요. 물론 거기엔 재미있는 여러 가지 장난감과 놀이 기구들이 있어요. 책상이랑 의자도 나한테 딱 맞고 키가 낮은 세면대와 아이용 화장실도 있죠.

엄마는 "가서 신 나게 놀아라, 엄마는 조금 있다가 다시 올게."라고 해요. 그렇지만 난 싫어요. 엄마랑 같이 있고 싶다고요. 내가 기차놀이 하는 거 지켜봐 주세요. 그래야 다른 아이가 내 기차를 빼앗거나 날 밀칠 때 도와주실 수 있잖아요. 엄마가 옆에 있어야 안심이 돼요. 엄마 없이는 여기에 잠시도 있기 싫어요. 가지 마세요, 제발!

##  너무 겁나서 엄마가 필요해요

어린이집에 다니기 시작한 첫 번째 날엔 내 곁을 떠나지 마세요. 내 사물함이 어디 있는지 보러 가요. 화장실은 어디고 뭐가 있는지도 함께 봐요. 집에 오는 길엔 어린이집에서 무엇을 하고 보냈는지 얘기도 하고요. 내일은 뭐 하면서 놀고 싶은지도 물어봐 주세요.

엄마가 없더라도 어린이집에는 필요할 때마다 도와줄 선생님들이 있다고 얘기해 주세요. 선생님의 이름을 알려준다면 더 좋겠어요. 새로운 게 너무 많아서 배우는 데 시간이 좀 걸릴지도 몰라요.

##  우리만의 작별 인사를 만들어요

엄마랑 작별 인사를 하는 건 너무 힘들어요. 엄마가 날 두고 떠나는 게 정말 싫거든요. 하지만 함께 있을 수 없다면 사물함에 내 물건들을 넣는 걸 도와주세요. 그런 다음 선생님한테 인사하고 교실을 같이 한 바퀴 돌면서 내가 하고 싶은 놀이를 찾을 때까지만 함께 있어주세요.

그리고 나서 작별 인사를 해요. 나를 많이 많이 꼭 끌어안아 준 다음 간식을 먹고 나면 엄마가 다시 올 거라고 말해 주세요. 엄마가 떠나는 순간 너무 슬퍼서 울지도 몰라요. 하지만 너무 걱정하진 마세요. 일단 엄마가 떠난 다음엔 스스로 기분이 나아질 뭔가를 찾을 테니까요. 선생님도 도와주시겠죠? 좀 시간이 걸리겠지만 곧 작별에 익숙해질 거예요.

 **엄마와 떨어지기 싫은 아이의 마음을 이해해 주세요**

처음 어린이집에 아이를 보낼 때 엄마와 떨어지기 싫어하는 건 자연스러운 반응입니다. 점차 익숙해지기까지는 싫다는 아이를 억지로 떼어놓는 과정이 되풀이될 거예요. 아이가 극도로 엄마와 떨어지는 것을 불안해한다면 안정될 때까지 곁에 있어주세요. 특히 애착 관계가 불안정할수록 엄마와 떨어지는 것을 불안해하는 경우가 많답니다. 아이가 안심하고 어린이집에 적응할 수 있을 때까지 여러모로 도와주세요.

# 다섯번째 에피소드

# 왜 장난감을 친구랑 나눠 놀아야 하죠?

원래는 그 장난감을 가지고
놀고 싶었던 게 아니에요. 그런데 그 녀석이
가지고 놀려고 하면 이상하게 나도 갑자기
그걸 갖고 놀고 싶어진다니까요.

내 거야!

홱~

271

이건 내 외양간이고, 지금 외양간에 소랑 닭 등을 넣고 있는 중이에요. 울타리도 만들어서 동물들이 나오지 못하게 할 거예요. "안 돼! 그건 내 거야! 내가 가지고 놀 거란 말이야. 돌려줘!"

엄마, 별이가 내 말을 빼앗아갔어요! 돌려주라고 하세요. 네? 싫어요. 같이 가지고 놀라고 하지 마세요. 별이는 가져가면 다신 안 준단 말예요.

나한텐 장난감들이 아주 소중해요. 그래서 다른 사람들한테 주기 싫어요. 친구나 동생과 함께 나눠 쓰는 게 나한테 쉽지 않다는 걸 엄마도 안다고 말해 주세요. 친구가 가지고 놀면 혹시 영영 뺏길까 봐 걱정하는 내 마음도 충분히 이해한다고 살짝 알려주세요. 친구가 내 걸 갖고 놀아도 그 말은 여전히 내 것이고, 친구가 집에 돌아갈 땐 다시 나한테 돌려줄 거라고도 안심시켜 주세요.

###  함께 나누는 방법을 알려주세요

엄마, 왜 친구랑 같이 장난감을 갖고 놀아야 하나요? 그럼 내가 가지고 놀 게 줄어들잖아요. 엄마가 별이는 오늘 나하고 놀려고 우리 집에 왔고, 지금 함께 동물농장 놀이를 하고 싶어 한다는 걸 알려주세요. 별이가 말을 가지고 뭘 어떻게 할지 지켜보는 것도 좋겠어요. 별이의 말이 들판을 달리고 있어요. 어쩜 다른 말이 함께 달려주기를 바랄지도 몰라요.

그래도 진짜 그 말을 가지고 놀고 싶으면 별이한테 다른 동물들을 보여줄 수도 있고, 별이가 다 놀고 나면 내가 갖고 놀겠다고 말할 수 있도록 가르쳐주세요. 우리가 서로 잘했다면 "와, 너무 착하구나. 싸우지 않고 함께 나누며 놀다니, 엄만 정말 기뻐."라고 말해 주세요.

###  멀 나눠 쓸지는 내가 결정하게 해주세요

엄마는 모든 걸 다른 사람과 나누나요? 그럼 엄마의 파란색 목걸이를 해도 되나요? 모든 걸 나눌 필요는 없다는 것도 알려주세요. 나누기 싫은 건 친구가 오기 전에 미리 치워두라고 말해 주세요. 이렇게 치워둔 것은 친구가 갈 때까진 갖고 놀 수 없다는 것도요. 그럼, 엄마! 함께 갖고 놀 장난감 고르는 일 좀 도와주세요.

 ## 아이의 소유 욕구를 충분히 충족시켜 주세요

아이들에게 억지로 나눔을 강요하지 마세요. 아직은 네 살짜리입니다. 아이들은 먼저 소유가 충분히 충족되어야 나눔을 배울 수 있답니다. 함께 나누지 못해 자꾸 싸운다면 당장은 아이의 소유 욕구부터 충분히 채워주면서 준비할 시간을 주세요. 소유 욕구가 충족되면 강요하지 않아도 기꺼이 친구나 동생과 자신의 물건을 나눌 거예요. 또 필요하다면 자기 물건을 다른 친구의 물건과 자연스레 바꿔 가지고 노는 협상 능력도 생긴답니다.

**66** **옛날엔 엄마가 제 친구였어요.** 물론 아직도 엄마는 나한테 제일 좋은 친구예요. 하지만 난 나와 비슷한 아이들과도 어울리고 싶어요. 그런데 어떻게 하면 좋을지 잘 모르겠어요. 엄마가 가르쳐주세요. 어떻게 해야 친구를 사귈 수 있죠? 또 어떻게 해야 친구들이 날 좋아하게 할 수 있을까요? **99**

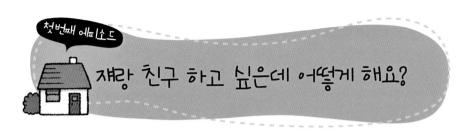

# 쟤랑 친구 하고 싶은데 어떻게 해요?

저기 있는 여자아이랑
놀고 싶은데 어떻게 해야 할지
모르겠어요, 엄마.

쭈뼛

조심

랄랄라

저기 있는 여자아이가 꽃잎을 따서 하늘 높이 던지고 있어요. 재미있는지 웃고 뛰고 나무 그루터기에 올라갔다 내려왔다 해요. 나도 똑같이 하고 싶어요. 쟤랑 친구가 되어 놀고 싶은데 어떻게 해야 하죠? 두 번이나 내 옆을 지나쳤지만 아무 말도 못 해 봤어요.

말을 걸고 싶은데 무슨 말을 해야 할지 하나도 생각이 안 나요. 어떤 말을 하면 좋을까요? "안녕, 내 이름은 하연이야. 같이 놀아도 되니?"라는 말로 시작해 보라고 알려주세요. 말을 할 때 그 애를 바라보며 잘 들릴 만큼 또박또박 크게 해야 한다는 것도 함께요. 만약 그렇게 했는데도 그 아이가 알아차리지 못했다면 꽃을 가져다주면서 "이것도 던져봐."라고 할 수도 있겠죠.

 친구랑 같이 놀 수 있게 도와주세요

다른 아이들이 날 둘러싸면 기분이 으쓱해지기도 하지만 겁이 나기도 해요. 어린이집에서 어떤 아이들은 가만히 있지 못하고 하루 종일 돌아다니기만 해요. 난 걔들과는 어울리지 않아요. 도대체 다음에 뭘 할지 전혀 감을 잡을 수가 없거든요.

엄마랑 선생님은 내가 좀 더 많은 아이들과 어울리기를 바라지만, 난 좀 불편해요. 나도 같이 놀 친구가 있으면 좋겠다는 생각은 해요. 내가 좀 더 용감해지면 좋겠어요. 엄마, 민지에게 우리 집에 놀러 오라고 해줄 수 있나요?

엄마가 은서 엄마하고 친구인 거 잘 알아요. 그래서 엄마가 은서를 우리 집에 초대했잖아요. 그런데 걘 너무 제멋대로고, 또 너무 큰 소리로 말을 해요. 민지는 큰 소리로 말을 하지 않아요, 또 나처럼 꾸미기 놀이를 좋아한대요.

친구를 초대하면 어떻게 해야 할까요? 민지가 우리 집에 오면 "안녕, 잘 왔어, 내 방 보여줄까?"라고 말을 하거나 "우리 뭐 하고 놀까?" 하고 제안해 볼 수 있게 가르쳐 주세요. 간식도 준비해 주고요.

하지만 친구랑 노는 시간을 너무 오래 잡지는 마세요. 두 시간이면 충분할 것 같아요. 너무 길게 놀다 보면 피곤해져서 다른 문제가 생길지도 모르거든요. 놀이는 둘 중에 한 사람이 욕심꾸러기가 되기 전에, 둘이 잘 놀고 있을 때 멈추는 게 좋다는 걸 기억해 주세요.

 ## 새로운 상황에 대해 미리 알려주세요

엄마, 우리 지금 어디 가는 거예요? 거기 가면 누가 있는데요? 어떤 일들이 벌어지는데요? 새로운 장소에 가면 사람들이나 물건들 모두가 낯설어요. 지금 가는 곳이 어떤 곳이고 거기 가면 뭐가 있고 또 어떤 일들을 하는지 미리 귀띔해 주세요.

거기에 가면 다른 애들이 있을 텐데 같이 가서 나랑 함께 있어주세요. 난 우선 다른 아이들을 지켜볼래요. 엄마도 나랑 같이 보면서 다른 애들이 뭐하고 노는지 살펴봐요. 그리고 그게 나도 할 수 있는 놀이면 그 애들과 함께 신 나게 놀 수 있다고 말해 주세요. 그 애들하고 함께 노는 방법도 알려주고요. 그런 다음 무엇을 할지는 내가 결정할게요.

나에 대해 묻는 사람들에게 '수줍음을 많이 타는 애'라고 말하지 말아주세요. 그런 말을 들으면 어쩐지 자신감이 없어진답니다. 그보다는 '생각이 많고 신중한 아이'라고 말해 주세요. 그래서 다른 아이들과 함께 놀기 전에 먼저 지켜보는 거라고요. 생각을 한다는 건 왠지 멋있는 것 같거든요.

 ### 친구 사귀는 법을 알려주세요

아이가 커갈수록 언제까지나 집안에만 있을 수는 없는 노릇입니다. 아이는 이제 또래 친구도 사귀고 더 큰 세상으로 나아갈 준비를 하고 있습니다. 하지만 아직 혼자의 힘으로는 많이 부족한 상태이지요. 아이가 당당하게 더 큰 사회로 어깨를 펴고 나아갈 수 있도록 든든한 지원군이 되어주세요. 그리고 자신감이 생길 때까지 격려하고 기다려 주세요.

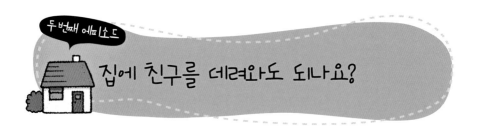

# 집에 친구를 데려와도 되나요?

오늘은 나랑 놀자!

놀자!

그래~

엄마는 나의 가장 친한 친구였어요. 뭐 하고 놀지 내가 먼저 결정하게 해주었고, 내 장난감을 빼앗지도 않았어요. 게다가 뭐든 나 먼저 하게 해주셨죠. 그건 내가 아기 때 일이에요. 지금은 내가 원하건 원하지 않건 내 주위에는 늘 아이들이 있어요.

어린이집에서 송이랑 노는 게 정말 좋아요. 송이랑 나는 옷 입기 놀이도 하고 왕자 공주 놀이도 함께해요. 우린 둘 다 금색 왕관을 제일 좋아한답니다.

오늘은 내가 그 왕관을 쓰고 싶어요. 그래서 "안 돼, 내가 할 거야."라고 말했더니 송이가 "오늘은 내가 써도 되겠니?"라고 말하는 거예요. 그런데 그런 송이의 말투가 왠지 좋았어요. 그래서 그만 송이가 왕관을 쓰도록 양보했지 뭐예요. 난 이제 네 살이 되었으니까 다른 사람의 기분을 생각할 줄도 알아야겠죠.

## 친구를 집에 데려와 함께 놀 수 있게 해주세요

엄마, 얘가 바로 송이예요. 내가 말한 그 친구요. 우리 집에서 같이 놀아도 되나요? 송이한테 내 고양이 인형이랑 세발자전거 그리고 내 방도 보여주고 싶어요.

엄마는 송이랑 내가 어린이집에서 같이 노는 것만으로도 충분할 거라고 생각할지 모르지만, 우리 집에서 노는 건 또 다른 특별한 면이 있어요. 송이 엄마한테 송이가 우리 집에 와서 놀아도 되는지 물어봐 주세요. 친한 친구가 생긴다는 건 신 나고 행복한 일이에요.

"그만 해!" 엄마! 송이가 내 블록들을 병원 놀이 가방에 넣으려고 해요. 그것들은 장난감통에 넣어야 하는데 말예요. 송이한테 집에 가라고 하세요!

엄마, 제발 우리 곁에서 너무 멀리 떨어져 있지 마세요. 송이와 난 엄마의 도움이 필요하단 말예요.

때때로 우린 서로 다른 생각을 하게 되는데, 그럴 때면 뭘 어떻게 해야 좋을지 정말 모르겠거든요. 송이와 나에게 무엇을 원하는지 차례로 물어본 다음, 어떻게 하면 우리 둘 다 재미있게 놀 수 있을지 물어봐 주세요.

내가 친구를 집에 데려와 놀면 바쁜 엄마에게 또 다른 일거리를 주게 된다는 것 잘 알아요. 우린 수십 번도 더 엄마를 방해할 테고, 엄만 엄마의 일을 제대로 끝낼 수 없을지도 모르니까요.

하지만 친구를 사귀는 건 매우 중요한 과정이랍니다. 복잡한 문제가 생겼을 때 어떻게 해결해야 하는지 스스로 배울 수 있게 엄마가 도와주셔야 해요. 약간의 연습 과정을 거치면 곧 우린 엄마의 도움 없이도 스스로 잘 헤쳐나가게 될 거예요.

"블록 가지고 놀기 싫어!", "안 돼, 내 인형 만지지 마!" 어떤 날들은 기분 좋게 놀이를 시작했다가도 금세 문제가 생기곤 해요. 내 것을 다른 누군가와 나누며 함께 가지고 논다는 건 네 살짜리에게 정말 힘든 일이거든요. 이럴 때 엄마가 간식을 좀 주거나 책을 읽어주면 기분이 훨씬 좋아질 거예요.

그리고 노는 시간을 너무 길게 주는 게 꼭 좋은 것만은 아니랍니다. 친구와 잘 지내고 싶어도 몸과 마음이 너무 피곤해지면 나도 모르게 예민해지거든요. 또 한 번에 친구 한 명 이상을 초대하진 말아주세요. 아직 한꺼번에 여러 친구들과 놀 준비는 안 되었답니다.

### 육아솔루션 기꺼이 친구를 초대할 수 있게 해주세요

아이는 친구와의 놀이를 통해 사회성을 발달시켜 갑니다. 특히 노는 장소가 자기 집이라면 익숙한 분위기 속에서 심리적으로 좀더 안정감을 유지할 수 있겠지요. 집에 친구를 데려와 놀 수 있게 해주되, 아직은 너무 많은 친구들을 한꺼번에 데려와 놀게 하지 마세요. 또한 너무 오랜 시간 함께 있을 경우 다툼의 문제가 생길 수 있으니 시간을 적절하게 조절해 주세요.

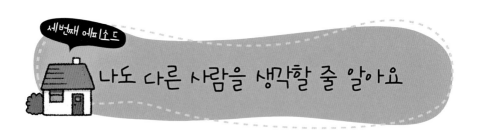

세번째 에피소드

# 나도 다른 사람을 생각할 줄 알아요

우린 너랑 안 놀 거야.
비켜!

저리 가!

왜 그래
엉아~

난 은서랑 함께 놀고 있었어요. 우린 둘 다 조랑말이 되어서 물웅덩이를 훌쩍 뛰어넘기도 하고 물 튀기기 놀이도 하고 있었죠. 근데 동생 민재가 물웅덩이 근처에 서 있는 거예요. 민재를 거기서 비키게 해야 했어요. 엄마는 민재한테 친절하게 말하라고 했지만, 우리가 지나가는 바로 그 길을 딱 막고 서 있지 뭐예요. 그래서 민재에게 퉁명스럽게 말했죠. 민재는 안 놀아준다고 엉엉 울어버렸고요!

그냥 "민재에게 친절하게 대해 줘."라고 알려주시는 것만으론 부족해요. 민재도 우리랑 같이 놀고 싶었을지 모른다고 말해 주세요. 어린 꼬마 애들한테 조금 큰 아이들은 멋진 대상이라서 같이 놀고 싶어 한다는 걸 알았다면, 민재에게 친절하게 대했을지도 몰라요.

함께 놀자고 하는 것도 하나의 방법이란 걸 가르쳐주세요. 예전에 나도 민우 형이 자기 친구들이랑 놀면서 끼워줬을 때 얼마나 기뻤는지를 떠올릴 수 있다면 도움이 될 거예요.

## 동생뿐 아니라 내 감정도 존중해 주세요

동생이란 존재는 그 자체만으로도 힘들 때가 있어요. 동생은 늘 내가 노는 그곳에 있거든요. 엄만 항상 친절하게 동생의 기분도 생각해 주라고 하지만, 그럼 내 기분은 누가 돌봐주나요? 걔가 내 궁전을 무너뜨려서 화가 났을 때도 엄만 나만 야단치셨잖아요. 그리고 내 그림을 엉망으로 만들었을 때도 그랬고요.

엄마가 내 기분이나 감정에 대해서도 알아주면 좋겠어요. 그저 착하게 굴라는 말 대신 "가끔 동생 때문에 참 힘들다는 거 엄마도 잘 알아."라고 말해 주세요. 엄마가 진심으로 날 이해해 준다는 걸 알면 훨씬 기분이 좋아지고 동생한테도 더 잘해 줄 수 있거든요.

## 다른 사람을 위하는 일을 나도 해볼래요

내가 과자를 별이 집에 가져갔을 때 별이는 웃으면서 내가 자기의 특별한 친구라고 말했어요. 나도 별이가 좋아요. 그리고 다른 사람을 위해 뭔가 하는 것도 좋아하고요. 난 요즘 다른 사람을 생각하는 건 꽤 멋진 일이란 걸 배우고 있어요. 보세요, 엄마! 저기 솔방울이 있어요. 동생한테 갖다주면 진짜 좋아할 것 같아요!

### 육아솔루션 · 공감을 가르칠 땐 아이의 눈높이에서 시작하세요

아이들은 자신이 세계의 중심이라고 생각합니다. 이 또래의 두드러진 특징 가운데 하나가 바로 인지나 사고 수준이 자기중심적이라는 점이에요. 따라서 아직은 타인의 감정이나 입장을 고려하는 데 서툴답니다. 이제 막 타인의 입장에서 생각해 보는 방법을 배워가고 있는 중이지요.

아이에게 무조건 이해하라고 하기보다는 "만약 네가 그렇다면 어떤 느낌일 것 같니?" 하는 식으로 다른 사람의 감정이나 입장이 되어서 생각해 볼 수 있게 끔 도와주세요. 그래야 다른 사람을 존중하고 배려하는 법도 배우게 된답니다.

안녕!
우리 일곱 살에
또 만나요.